Let's Kinniku Together!
みんなで筋肉体操

NHK「みんなで筋肉体操」制作班
筋肉指導　谷本道哉

ポプラ社

はじめに

みんなで筋肉体操とは

コンセプトは「みんなの体操」の筋トレ版

皆さん、筋トレしていますか。

「みんなで筋肉体操」が最初に放送されたのは2018年の夏。深夜の5分番組にもかかわらず放送直後からSNSで話題になり、再放送が何度も繰り返され、決めゼリフ「筋肉は裏切らない」がユーキャン 新語・流行語大賞にノミネートされてしまいました。

動画共有サイトでは累計の再生回数が1400万回（2019年7月現在）を超えました。海外でも見ることができ、ルワンダ、マレーシア、アメリカ、イギリスなどでも筋肉体操に取り組む人たちがいるようです。「筋肉に国境はない」。想像を遥かに超えた反響をいただき嬉しい限りです。

番組が生まれたきっかけは、「『みんなの体操』の筋トレ版を作れば面白いんじゃないか」という思いつきでした。調べてみると、筋トレは過去最大のブームだということ、しかし情報が溢れすぎて何が正しいのか初心者には判断が難しいこと、どうやら途中で挫折している人が多いらしいことがわかりました。

もし「信頼できる筋トレ番組」ができれば、さまよえる筋トレ難民を救えるのでは、ひいては国民の健康増進に寄与できるのでは、という妄想がわき起こり、企画を具体的に考え始めたのです。

まず、信頼できる筋トレメニューとなるには科学的な裏打ちが必須です。一方、正しいだけではやる気が起きず続きません。楽しく筋ト

レできるエンタメ要素も必要です。さらに、筋トレをやらない人でも見て楽しめるようにしなくてはテレビ番組としての魅力は半減します。くわえて、スポーツ中継のように筋肉が躍動するさまを楽しめるようにもしたい。これらの要素をすべて満たした番組を目指してでき上がったのが「みんなで筋肉体操」です。

　信頼性の門番は筋肉指導の谷本道哉さん。筋肉の研究で博士号を取得し自らの筋肉で検証している名実兼ね備えた"筋肉博士"です。

　エンタメ要素を引っ張るのは、"筋肉アシスタント"の面々です。立っているだけでも絵になる俳優の武田真治さん。筋肉のイメージがあまりなく驚かれた方も多かったでしょう。ルックスと名前と庭師の肩書が過剰なギャップを生み出している村雨辰剛さん。「東大×弁護士×コスプレイヤー」と属性が渋滞を起こしている小林航太さん。そして、視聴者から「追加筋肉」と名付けられた歯科医師の嶋田泰次郎さん。魅力的なアシスタントが一緒に筋トレしてくれることで「きつくても楽しい」境地に至れます。

　信頼できる筋トレの教則ガイドとしての一面と筋トレのパートナーという一面、そして筋肉を追い込んでいく姿を鑑賞するスポーツ・ドキュメンタリーの一面。これらが絶妙にミックスされているところが「みんなで筋肉体操」の魅力だと考えています。

　本書は、「みんなで筋肉体操」をさらに楽しんでいただくために書かれました。メニューやフォームに隠された秘密から出演者の知られざる素顔まで、筋肉体操に取り組んでいる人も、見て楽しんでいる人も、「みんなで」お楽しみいただける内容になっています。この本がきっかけで読者の皆様により充実した筋肉体操ライフを送っていただけたら、この上ない喜びです。Let's 筋肉 Together！

「みんなで筋肉体操」制作班
ディレクター　勝目卓

「筋肉体操」で大切にしたこと

筋肉は裏切らない！

　筋肉体操の具体的な話は、筋トレのメニュー開発と指導を担当した「筋肉指導」の谷本が解説します。

「裏切らない」筋肉体操の根拠

　筋肉体操は「エンタメ番組」と言われることがあります。そういった側面もありますが、筋肉指導担当としては「科学番組」のつもりで筋トレメニューを作っています。

　出演者の特異すぎるキャラクター、まったりとしたBGM、マッチョが無言で筋トレに励むさまは、たしかにシュールです。

　しかし、筋トレの中身自体はいたって大真面目。効率よく、短時間で成果を出す。最短距離で筋肉をつける方法を追求しています。

　「筋肉は裏切らない」かどうかは、やり方次第です。筋生理学・力学・解剖学、そして実践を通しての経験値に基づいて、「裏切らない」方法を追求しています。

自重トレは初心者向け、に対する挑戦

　筋肉体操は「自宅でテレビの前でできる方法」として、自体重を用いた「自重トレーニング（以下、自重トレ）」で主に構成しています。しかし、筋トレ上級者にはバーベルやマシンが必須、自重トレは初心者向けと認識される傾向にあります。

　たしかにバーベルやマシンには自重にはないさまざまなメリットがあります。しかし、工夫すれば自重でもかなり刺激の強い筋トレにで

きます。

　自重トレは回数をこなしたくて、動きをごまかしがち。そこを改善するだけでも全然違います。「腕立て30回なんて余裕」という学生に、きっちり丁寧に行わせたら５回もできなかった、ということもよくあります。

　自重トレを丁寧に行い、そこにさまざまな工夫を足せば、上級者にも対応できます。腕立て伏せで胸が張り裂けるほどの、クランチで腹筋が悲鳴を上げるほどの刺激を与えられます。

　筋肉体操は「自重トレは初心者用」に対する挑戦でもあります。

思い立ったら1秒後にできる
最強の時短と手軽さ

　自宅で手軽にできる筋肉体操は最強の時短トレーニングといえます。移動の時間も道具の準備の時間も着替えの時間もいりません。

　始めようと思った１秒後には筋肉を追い込み始めることができます。そして５分も行えば疲労困憊に達します。「運動したくても時間がない」ことはありません。

　時間がない、という人は運動をする気持ちのゆとりがないのだと思います。筋肉体操は、始めてしまえば５分で筋肉を追い込めますので、思い立ったら始めてください。そして、脳内で「やり切る・出し切る」「きつくても楽しい」のセリフを繰り返してください。

「ラクして筋肉をつけたい」というニーズには
寄り添いません

　筋肉をつけるには、やはりしっかりと厳しい筋トレをしなければいけません。「○○するだけ」といった、ラクして筋肉をつけたいというニーズがありますが、そこに寄り添ったりはしません。

　なぜなら、現状ではそのような魔法の方法はないからです。

　筋肉体操は正攻法でメニューを作っています。それを貫きます。ただし、常に適切な方法論を模索して、周りの声に耳を傾け、省みることは怠らないようにしています。

筋肉体操は何がスゴイのか

7つの "裏切らない" こだわりテクニック

筋肉を大きく発達させる（筋肥大）ためには、「強い刺激」を与えて、筋肉が強く大きくなる適応を体に起こさせる必要があります。

その刺激には、筋肉に大きな力を加える「力学的刺激」と、乳酸の蓄積などにより筋肉内の化学的環境を過酷にする「化学的刺激」の大まかに2つがあります。

これらの刺激を十分に与えるためには、何よりも「限界まで反復してオールアウト※」させることが重要です。

「力学的刺激は自重ならどんなやり方でも同じだろう」ということはありません。フォーム次第、動き方次第で筋肉にかかる力の強さは大きく変わります。また同じ力でも、上げる動作と下ろす動作では筋肉が受ける刺激も変わってきます。

化学的刺激は、筋肉が乳酸等の蓄積でパンパンに腫れあがる「パンプアップ※」として体感できます。このパンプアップを強く引き起こすためのさまざまなテクニックがあります。

そして、この2つの刺激を存分に与えるために「オールアウト」させるテクニックも多様です。

「いかに力学的刺激と化学的刺激を効率よく短時間で、しかも自重負荷で与えるか」

これが筋肉体操の命題です。この命題をクリアするための代表的なテクニックを7つ紹介します。

※**オールアウト**：運動によって疲労困憊にすること。ここでは「鍛える標的の筋肉を困憊の状態に追い込み切る」こと。
※**パンプアップ**：筋肉が乳酸等の蓄積により、パンパンに水膨れして腫れあがること。

1 深く下ろし切る「フルレンジ」

「腕立て伏せかけ」「浅はかなスクワット」は×

　自重トレでは、回数をこなすことを目指してしまうと、いろいろな「ごまかし」が入ります。その典型が「深く下ろさない」ことです。具体的には、「腕立て伏せかけ」「浅はかなスクワット」です。

　深く下ろし切るフルレンジには、3つの意義があります。フルレンジとは、動作範囲を存分に使った動きのことです。

　1つ目は、腕立て伏せにしてもスクワットにしても、深く下ろすことで筋肉はより伸ばされます。筋肉は伸ばされた状態で動かすほど微細損傷が強く起こります。筋損傷は筋肉を肥大させる重要な刺激の1つです。つまり、筋肉痛が強く起こるわけですが、馴れてくればその程度は和らぎますので安心してください。

　2つ目は、多くの種目において、深く下ろしていくほど筋肉にかかる力が強くなることです。スクワットで考えると、少しだけしゃがんだ状態はラクですが、深くしゃがむとどうでしょうか。しんどいですよね。

　負荷と関節のテコの長さの関係で、深くしゃがんでいるときの方が強い力が筋肉にかかるのです。「腕立て伏せかけ」も「浅はかなスクワット」も、ラクなところばかりで動作をしています。

　3つ目は上下動が大きくなり、1回ごとの上げ下げの運動量が大きくなることです。

　「浅いごまかした30回よりも、深いフルレンジの10回」

　質の高い方法で、効率よく鍛えましょう。

「ノンロックスロー」で効率よく筋肉をパンプアップさせる

「腿がパンパンになってきましたね」

「ノンロックスロー法」とは、上げ切ったり・下ろし切ったりして力を抜く局面を作らずに（ノンロック）、ややゆっくりめの動きで行う（スロー）筋トレ法です。比較的軽めの負荷、少ない回数で筋肉を激しくパンプアップさせて筋肥大の強い刺激を与えることができます。筋内環境を過酷にする、化学的刺激を重視した方法です。

ノンロックスローのポイントは「力を入れっぱなしで動作し続けること」にあります。上げ下ろしにそれぞれ2〜3秒ずつくらいかけることで、勢いで力が抜けてしまう瞬間がなくなります。その動作を負荷がかかるポジションだけで行います。

筋肉は力が入ると硬くなりますが、このとき、筋肉内の圧力は高まった状態にあります。この状態が続くと血管が圧迫されて血流が制限され、筋肉内の酸素がどんどん少なくなっていきます。加圧トレーニングのような状態になるわけです。

筋肉は酸素不足になると、乳酸を多量に発生する無酸素反応がメインになります。この多量の乳酸が、筋肉に水を引き込むので強くパンプアップするのです。

酸素不足は通常、たくさんエネルギー消費をする高負荷運動や、高回数の運動で起こります。ノンロックスローなら、自重負荷でそれほど多くの回数を行わなくてもそれを達成することができます。

筋肉体操では、このノンロックスローで追い込み切ったあとに、さらに速い動きで数回反復して完全にオールアウトさせる「スローtoクイック」というテクニックも取り入れています。

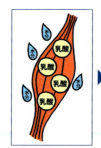

乳酸がたまると水膨れをおこす

3 時間を区切って存分に追い込む

「あと5秒しかできません」で出し切る

　最も標準的な筋トレのセオリーは「10回程度でオールアウト」です。伝統的な手法とされ、筋肥大を誘発する力学的刺激と化学的刺激の両方をまんべんなく与えられる方法ともいえます。

　ただし、筋トレの有効な方法はこれに限りません。30〜40回程度の高回数でも、きちんとオールアウトさせれば同程度の筋肥大が起こることがさまざまな研究によってわかっています。ところが、高回数はゴールが遠くて終わりが見えにくいのが難点。限界まで追い込み切るのが大変です。

　そこで、筋肉体操では時間を区切り、時間内にリズミカルに目いっぱい行うという方法で解決を図っています。

　時間を区切ることでゴールが明確になるので、限界まで力を出し切りやすくなります。この方法によって、筋肉が強くパンプアップすることが示されています。通常の10回オールアウトで行った場合よりも筋肉のパンプアップによる膨張率が増大、腕立て伏せならTシャツが張り裂けそうになるほどパンプするのです。

　また、ハイスピードは切り返しで強い力がかかります。腕立て伏せで実測すると、通常の方法の2倍ほどにもなっています。力学的刺激も強くなるのです。しかも、筋損傷が強く起こる筋肉が大きく伸びたところで強い力がかかるため、筋肥大の効果がより大きくなります。

　「あと5秒しかできません」の気持ちで出し切って、化学的刺激、力学的刺激を存分に筋肉にかけてください。

4 落下の衝撃を筋肉で受け止める「エキセントリック」

「丁寧に下ろす」下ろす動作をおろそかにしない

　筋トレは力を振り絞って「上げる」もの、というイメージが強いと思います。でも、上げる動作以上に重要なのが下ろす動作です。負荷に耐えながら下ろす動作を「エキセントリック」といいますが、下ろす動作をおろそかにする人は筋トレの効果を半分捨てています。

　下ろす動作では、落下の衝撃を筋肉で受け止めているため、筋肉に与えるダメージが大きいのです。例えば、5階から階段で1階まで降りた場合、5階から飛び降りて地面に叩きつけられる衝撃を一歩一歩の着地で、足の筋肉で受け止めているわけです。

　階段を上がり続けてもたいした筋肉痛は起こりませんが、降り続けると激しい筋肉痛が起こります。下ろす動作で筋肉が受けるダメージは筋肉を発達させる有力な刺激の1つになります。

　筋肉体操ではどの種目も下ろす動作は「ややゆっくりめで丁寧に」を基本としています。ハイスピードの場合も、ストンと落とさずにやや丁寧に下ろします。落下の衝撃をできるだけ筋肉だけで受け止めるためです。加えて、上げる動作よりも下ろす動作に強い負荷をかける、という種目も取り入れています。

　また、筋肉は「速筋」と「遅筋」という2つのタイプがありますが、筋トレにより肥大しやすいのは速筋です。下ろす動作でも、実は速筋が優先的に使われています。衝撃を受け止める際には、速く収縮して体を守る必要があるからでしょう。

5 「キュー」で上げ切る、オノマトペで動きの質を高める

「キュー」と上げる、「アー」と下ろす

　筋トレの動作は、筋肉が伸び切っている状態から縮み切っている状態までのどこかの範囲で行われます。これをより広い動作範囲で行うほど筋トレ効果が高まることがわかっています。

　特に伸び切るところまでしっかり下ろすことは重要で、その点は1で説明しました。また、縮み切るまでしっかり上げ切り、そこで力を込めることも重要です。

　縮み切った局面でグッと強く力を込め、上げ切ったところで一瞬止めるテクニックを「ピークコントラクション」といいます。このときに「キュー」と声を出すと、より強く力を込めて高く上げ切りやすくなります。オノマトペの響きを使うのです。

　例えば「ピシーッ」と言うと背すじが伸びます。反対に「ダラ〜」と言えば背中が曲がります。「ピシーッ」と言いながら背中を曲げるのは、困難です。これがオノマトペの効果です。だからこそ、強くピークコントラクションするために「キュー」と声を出すのです。ちなみに、速い動きのときには「キュッ」と言います。

　下ろすときに「アー」と言うのも、理屈は同じ。下ろす動作は落下のエネルギーを筋肉でじっくり受け止める（エキセントリック）ことで、筋トレ効果を高めることができます。ストンと落としてしまうと、効果は激減します。

　そこで、重力で落下していく負荷を筋肉で「アー」と受け止めることを感じながら下ろしていくと、じっくりと下ろしやすくなります。

　「キュー」でピークコントラクション、「アー」でエキセントリックを、オノマトペの力を借りてしっかりと行いましょう。

さらに追い込む「フォーストレップ」「ドロップセット」

「膝をついても結構です」できることでさらに出し切る

「やり切る、出し切る！」「高く、もっと高く！」など、厳しい言葉で叱咤する筋肉体操ですが、時折「膝をついても結構です」とやさしい声がけも混ざっていることにお気づきでしょうか。

しかし、これは決してやさしい言葉ではありません。むしろ厳しい言葉です。「膝をついてもいい」という言葉の真意は、「上げられなくなったらやめていい」ではなく、「負荷を少し下げてもいいから、『まだできる負荷』でさらにやり切りましょう」と言っているのです。

これは限界まで追い込んだあとに、負荷を下げてさらに追い込む「ドロップセット」というテクニックです。

このように一度オールアウトまで追い込み切ってから、さらに追い込むテクニックがドロップセット以外にもいくつかあります。

筋肉体操では、そういったテクニックを存分に使って、皆さんの筋肉を短い時間で徹底的に追い込むように工夫しています。

例えば、上がらなくなったら、片足スクワットなどで、膝を押して補助をすることで「強制的に（＝フォースト）」さらに数回繰り返すというテクニックもその1つ。「フォーストレップ」と呼ばれる方法です。

あるいは、オールアウトしたところから、5秒の休みを入れて再びオールアウトまで反復を繰り返す「レストポーズ」というテクニックも使っています。そこに、途中から「ドロップセット」を入れて、合わせ技で追い込むといったやり方も取り入れています。

このように筋肉体操ではさまざまなテクニックを駆使して、短時間で皆さんの筋肉を追い込み切っているのです。

7 自分次第で負荷を加えられる「マニュアルレジスタンス」

「自分に甘えない」ことで効果を上げる

　自重トレは自分の体重の負荷で行います。そのため、押す動作に負荷をかける方法が中心になります。

　引く動作に負荷をかけることはできません。そのため、広背筋など引くときに使われる背中の筋肉や、肘を曲げるときに使われる上腕二頭筋が鍛えられなくなってしまいます。

　そこで、筋肉体操では自分の力で負荷をかける「マニュアルレジスタンス（徒手抵抗）」を採用しました。マニュアルレジスタンスなら引く動作で筋トレができます。また、自分でしっかり負荷をかければ最初から最後まで全力で力を発揮することが可能です。

　通常の筋トレは1回目から最後まで負荷が一定ですので、最初のうちは余力があります。全力を振り絞れるのはオールアウトする直前の1〜2回だけになります。その点、マニュアルレジスタンスなら、自分次第で1回目から目いっぱいの強度で実施できるため、質の高い筋トレが可能になります。

　ただし「自分次第」がゆえに、甘えてしまえば手を抜いたゆるい筋トレになりかねません。特に筋トレ初級者は、動作後半はあまり力が出ていなかったり、1回単位においても動き始めしか強い力が出ていなかったり、となりがちです。だから絶対「自分に甘えない」こと。心の強さが試される方法でもあります。

　番組では、さかんに「全力で！」「甘えない！」を連呼して叱咤しています。皆さんも「全力で！」と唱えながら行いましょう。

　なお、マニュアルレジスタンスでは、力を込めるときに呼吸を止めてしまいがち。血圧が上がりますので息は止めないように気をつけてください。

自分に甘えない

本書の使い方

　シーズン1の実技メニューの狙いは、「上級で視聴者の皆さんをびっくりさせること」でした。

　もちろん、ただレベルが高くて力が強くないとできない、という意味だけの上級ではありません。さまざまなテクニックを駆使して、「効率よく短時間で筋肉を追い込み切る」方法論としての上級でもあります。

　なお、上級テクニックは上級者だけのものではありません。負荷のレベルをフォームで変えれば、筋力の弱い初級者にも同じく有効に使えます。

　上級者向けも初級者向けも、負荷のレベルが違うだけで、基本的な生理学的刺激の与え方は同じです。上級者が効果を実感できる方法は、初級者にも使えるのです。

　シーズン1では、5分という時間の制約、また最初のシーズンで内容を複雑にできないことから、初級者向けの内容は作りませんでした。

　しかし本書には、「できない人は…」として、すべての種目に初級者向けの内容を入れていますので、筋力に自信のない方もぜひ活用していただきたいと思います。

※怪我には十分に注意してください

●筋トレに限らず、運動処方の基本は「痛いことはしない」です。自重負荷で構成される筋肉体操は比較的安全ですが、怪我のリスクは0ではありません。

●痛みを感じる場合は、動きのスピードをゆっくり目に、動作範囲を痛みの出ない範囲に限定する。どうしても痛みを伴う種目はメニューから外す、などしてください。

●無理をしてごまかしたフォームで行うのも怪我のもと。ご自身の筋力に見合ったフォームレベルで丁寧に行ってください。

1 シーズンと種目名
放送されたシーズンと種目名です。①は1種目目のことです

2 運動の目安
できなくなる限界まで追い込む目安となる時間や回数を示しています

3 ここが鍛えられる！
この種目で鍛えられる筋肉の部位がわかります

4 矢印
①と②の動きを繰り返すことを示しています

5 NG
間違いやすい方法を示しています

6 負荷の調整法
その種目の負荷を軽くまたは重くするための方法です

7 できない人は…
初級者の方やその種目が苦手の人のためにアレンジした内容です

15

目次

はじめに **みんなで筋肉体操とは** ……………………………… 2

「筋肉体操」で大切にしたこと ……………………………… 4

筋肉体操は何がスゴイのか
"裏切らない" 7つのこだわりテクニック ……… 6

1 深く下ろし切る「フルレンジ」

2 「ノンロックスロー」で効率よく筋肉をパンプアップさせる

3 時間を区切って存分に追い込む

4 落下の衝撃を筋肉で受け止める「エキセントリック」

5 「キュー」で上げ切る、オノマトペで動きの質を高める

6 さらに追い込む「フォーストレップ」「ドロップセット」

7 自分次第で負荷を加えられる「マニュアルレジスタンス」

本書の使い方 ……………………………………………… 14

筋肉体操実践の基本はオールアウト! ………… 21

筋肉体操実践メニューの作り方 …………………………… 22

シーズン1

腕立て伏せ①
フルレンジ・プッシュアップ ……………………………… 30

腕立て伏せ②
ハイスピード・プッシュアップ …………………… 34

腹筋①
フルレンジ・ノンロック・クランチ ………… 38

腹筋②
ノンロック・レッグレイズ ………………… 42

スクワット①
スローtoクイック　スクワット ………… 46

スクワット②
ブルガリアン・スクワット …………………… 50

背筋①
マニュアルレジスタンス・ローイング ………… 54

背筋②
フルレンジ・ノンロック・スーパーマン ………… 58

筋肉アシスタント①　**武田真治さん** インタビュー …………………………… 62

筋肉アシスタント②　**村雨辰剛さん** インタビュー …………………………… 65

筋肉アシスタント③　**小林航太さん** インタビュー …………………………… 68

CONTENTS

シーズン2

腕立て伏せ①
60秒インターミッテント・プッシュアップ …… 72

腕立て伏せ②
エキセントリック・プッシュアップ ………… 76

腹筋①
ハイスピード・ニーアップ・クランチ ………… 80

腹筋②
ニーレイズ&ストレート・レッグダウン …… 84

スクワット①
フルボトム・スケーター・片足スクワット …… 88

スクワット②
ハイスピード・ノンロック・スクワット ……… 92

背筋①
マニュアルレジスタンス・ロウローイング …… 96

背筋②
ハイスピード・スーパーマン ………………… 100

筋肉アシスタント④　嶋田泰次郎さん インタビュー ………………… 104

筋肉体操＋α　懸垂・ハムストリングの種目・ふくらはぎの種目 …………… 107

| コラム① | 筋肉は裏切らない? | 112 |
| コラム② | 筋肉体操の声がけはリズムネタ | 113 |

筋肉指導　谷本道哉先生 ································· 114

| コラム③ | みんなで筋肉体操　演出の秘密 | 116 |

筋肉Q&A ································· 118

Q みんなで筋肉体操をテレビで見て、一緒にやろうと頑張りましたが、
3回もできませんでした。どうしたらいいですか?

Q 加齢で落ちやすい筋肉はどこですか?　どこを鍛えるべきですか?

Q どこの筋肉をつけると見た目がかっこよくなりますか?

Q 筋肉痛が激しくて生活に差し支えます。
筋肉をつけるためには我慢しなければいけませんか?

Q 「筋トレをやろう」と思うのですが、楽しくありません。
楽しく続けるためのコツなどはありますか?

Q 筋トレで筋肉が目に見えてつくまで2~3か月かかると聞きました。
すぐに成果を見たいのですが。

Q 筋トレ中の呼吸はどうすればいいですか?

Q 筋トレによる怪我が心配です。筋肉体操は中高年でもできますか?

Q 筋肉体操はいつやるのがいいですか?

Q 小学生の息子も筋肉体操をしています。
「子どもの筋トレは成長に悪い」と聞きますが大丈夫でしょうか?

Q 筋肉体操さえやっておけば、ジムに行かなくてもムキムキになれますか?

Q 筋肉体操をしておけば有酸素運動をしなくてもいいですか?

コラム④ 腕立て伏せの手幅ひとつにも計算がある ･･････････････････････ 130

食事編　NO飯、NO筋肉 ･････････････････････････ 131

1 まずはしっかりタンパク質を摂る!
 1回20g以上が目安だが朝食と間食では不足しがち

2 糖質は筋肉合成を促し分解を抑制する
 糖質もある程度しっかり摂る!　ただし低GIで

3 糖質は種類で全然違う
 筋肉にも健康にもオメガ3をしっかり、飽和脂肪酸を控えめに

4 コンビニ・外食を上手に使う
 意識高い系コンビニは便利に利用できる

5 アルコールと筋肉、健康との関係
 「ハイボールなら太らない!」なんてことはありません

コラム⑤ みんなで筋肉体操　収録秘話 ･････････････････････････････ 137

おわりに　**「きつくてもツラくない!」** ････････････････････････ 140

DVDの使い方 ･････････････････････････････････････ 142

CONTENTS

＊本書では、2018年8月に放送されたシーズン1と
2019年1月に放送されたシーズン2の内容を収録しています

デザイン	華本達哉（aozora.tv）、久保洋子
写真	平田かい、徳永徹
イラスト	小野友洋、北原佳織、榎本タイキ
編集協力	鈴木彩乃、名久井梨香

☑ 筋肉体操実践の基本は
オールアウト!

筋トレで十分な効果を上げるための基本は「オールアウト」。
できなくなる限界まで筋肉を追い込むことです。
筋肉体操では、さまざまなテクニックを使って効率よく筋肉を
オールアウトさせていきます。大きく分けて以下の3種類があります。

回数で限界まで行う種目

丁寧なフォームで行う種目。10〜20回が追い込む回数の目安。

フルレンジ・プッシュアップ　ブルガリアン・スクワット　など

回数は決まっていて、1回1回で強く力を出し切る種目

上げられるところまで上げ切る種目や自分で負荷をかける種目。

フルレンジ・ノンロック・クランチ　マニュアルレジスタンス・ローイング　など

時間を区切って時間内に力を出し切る種目

時間内に全力を出し切る種目。上がらなくなったら負荷を下げる。

ハイスピード・プッシュアップ　ハイスピード・スーパーマン　など

種目によりオールアウトのさせ方は違いますが、
いずれにおいても完全に追い込んで、力を出し切ってください。
最初のうちは難しいかもしれません。でも、だんだんできるようになります。
そして、追い込み切らずに終えることが、違和感でむしろできなくなります。
そうなれば、あなたは一人前の筋肉体操マニアです。

筋肉体操 実践メニューの作り方

「同一部位は週2回もしくは3回」を基本に組み立てる

　筋肉体操のトレーニングメニューの作り方は、目的や目指したいレベルにより異なります。いずれの場合も「各部位の筋トレ頻度は週2回もしくは3回」を基本とします。

　理由としては、筋トレ後に筋肉で起こる炎症反応が収まるまでに2日ほどかかるので、休みを入れる必要があるからです。

　ただし、これは「きっちり追い込んだ」場合。筋疲労で翌日はとてもできない、という条件付きでの頻度です。「軽く少しだけ行って、休息日をとらなければ」とはなりませんよ。

マッチョが目標でもスタイル改善が目標でも基本は同じ

　目的にかかわらず、同じ部位のトレーニングは週2〜3回を基本ルールに、種目の組み合わせやセット数（1種目を1つ行うことを「1セット」と言います）を組み立てていきます。

　マッチョを目指すなら、種目数やセット数を多めにします。筋肉体操は質を重視しますが、質を高めた上で量も増やすことで効果を高めます。それでも10分程度で存分に筋肉を追い込めます。

　メリハリのあるスタイルを目指すという場合は、トレーニングの量を減らしてメニューを組み立てます。目指すレベルが違っても、基本的にやることは同じ。「どれだけやるか」の違いです。

　なお、筋トレは筋肉を大きくする手段です。細く引き締まった筋肉などありませんし、細く引き締める筋トレもありません。筋肉をある程度つけてメリハリを出し、それで引き締まったキレイなライン、スタイルを作るのです。

筋トレ前後の食事

　空腹での筋トレでは力が出ません。筋トレ中は筋肉の分解も進みます。筋

トレは空腹でないときに行うのが鉄則。空腹なら、20〜30分前に軽く食べてから行いましょう。

筋トレ後の24〜48時間は筋肉の合成が高い時間が続きますが、特に高いのは筋トレ後2時間くらい。そのタイミングでタンパク質を摂るのが重要です。筋トレ後は速やかに食事をとりましょう。

サプリメントのプロテインを利用しても良いでしょう。このときのプロテインは吸収の速いホエイ（乳清）がオススメ。疲労の速やかな回復、筋肉合成の促進のために糖質もある程度摂りましょう。

ウォームアップとクールダウンについて

自重で行う筋肉体操は、それほど強い力がかかるわけではありません。通常の可動域を超える動作もありませんので、基本的には、ウォームアップなしでも怪我なく実施できます。「ハイスピード」系の種目は軽く体を動かし、ゆっくり数回行ってから取り組むと良いでしょう。より怪我のリスクが減り、動きの質も上がります。

クールダウンのストレッチで、回復の程度が大きく変わることはありませんが、筋肉をほぐす意味で行っていただいても結構です。腹筋はつりやすいので、伸ばしておいた方が良いでしょう。

体を変えるとは、「ライフスタイルを変える」こと

筋トレやダイエットは、期間限定で行えば効果も期間限定です。見た目だけでなく、得られる健康効果も期間限定です。短期的に特に頑張る時期があるのは良いですが、特定の時期にしかやらない、では、また元の体にもどってしまいます。

見た目も中身も体を変えて、それをキープするには筋トレや食事管理など、ライフスタイルそのものを変えなければいけません。無理なくできる計画を立て、そして楽しく実行し続けてください。時短で手軽にできる筋肉体操はそれを現実にします。

次ページから、筋肉体操で行っている筋トレによる、
いくつかのメニュー作成例を紹介します。
いずれも同一部位のトレーニングの頻度は週2〜3回です。

スタンダードコース

約6分

ややマッチョを目指す方やかっこいいスタイルになりたい方へ

2つの部位を2種目ずつ、計4種目を1日で行います。4部位の中でも、スクワットと腕立て伏せは大きな筋肉を使う疲労の大きい種目ですので、別の日に割り当てます。

例えば、下の例のように、スクワット1・2と腹筋1・2をAメニュー、腕立て伏せ1・2と背筋1・2をBメニューとし、それぞれを別の日に行います。

1回6分ほどですが、きっちり追い込めば、相当に効きます。1回のセット数は、各種目1セットずつで計4セットですが、毎セット「この1セットしかない」という気持ちで全力を出し切ってください。ペース配分はしないでくださいね。

より時短で集中して一気に行いたい場合は「スーパーセット」で。異なる部位の2つの種目を10秒程度の短い休みで交互に行うという方法です。これなら4分ほどで燃え尽きることができます。この場合も、各セットしっかり「オールアウト」してください。

 A メニューの例（約6分）

＊「スクワット1」とは、シーズン1か2の1種目目、「スクワット2」とはシーズン1か2の2種目目を意味します（以下同じです）。

スーパーセットで行う場合

 A メニュー・スーパーセット法（約4分）

B メニュー・スーパーセット法（約4分）

　1週間をAB休AB休休（週2回）、またはAB休AB休A（週2.5回／翌週はBから）、ABABAB休（週3回）など、自分のトレーニングスケジュールに合わせてメニューを調整しましょう。

	日	月	火	水	木	金	土
週2回	A	B	休	A	B	休	休
週2.5回	A	B	休	A	B	休	A
週3回	A	B	A	B	A	B	休

シンプルコース

約2分

無理なく実行したい方、スタイル改善や健康増進をしたい方へ

スタンダードでは1部位あたり2種目で2セットずつでしたが、シンプルコースではそれを半分にします。1種目を1セットとし、2種目2セットを1回の筋トレで行います。

1回2種目たった2分です。ただしその2分で確実に力を出し切りましょう。量は減らしますが、質は下げません。

A メニューの例（約2分）

 →

スクワット1または2 ▶ **腹筋1または2**

すぐに移行

B メニューの例（約2分）

 →

腕立て伏せ1または2 ▶ **背筋1または2**

すぐに移行

	日	月	火	水	木	金	土
週2回	A	B	休	A	B	休	休
週2.5回	A	B	休	A	B	休	A
週3回	A	B	A	B	A	B	休

ハードコース

約9分

鍛え上げられた筋肉を目指す方へ

異なる部位の2つの種目を10秒程度の短い休みで交互に行う「スーパーセット」で行います。スタンダードメニュー2回分を、時短できっちり行ってみっちりと追い込みます。

1回10分弱ですが、しっかりやり切れば疲労困憊です。4種目を2周で8セット行いますが、毎セット「この1セットしかない」という気持ちで全力を出し切ってください。

A メニューの例（約9分）

B メニューの例（約9分）

※Bメニューの日は、追加として、公園などで懸垂または斜め懸垂をしても良いでしょう。

	日	月	火	水	木	金	土
週2回	A	B	休	A	B	休	休
週2.5回	A	B	休	A	B	休	A
週3回	A	B	A	B	A	B	休

優先的に行いたい種目だけでも

　全身すべての筋肉が重要ですから、4種目全部行うのが理想です。ただし、それで続かないのであれば、優先順位をつけて、行いたい種目を中心にメニューを立てていただいても結構です。

　生活機能に関わるという点ではスクワットが最重要ですので、ぜひ優先順位の上位に入れてください。

必ず自分の筋力に合わせて

　ここで挙げたメニューはあくまで例ですので、ご自分でアレンジしていただいてもちろん結構です。どうしてもうまくできない種目があれば、無理せずメニューから外して、同じ部位の別の種目で代用すると良いでしょう。

　どのコースで行う場合も、自分のレベルに合わせたフォームで行うことが重要です。ハードコースなら「できない人は…」のやり方でやってはいけないわけではありません。逆にシンプルコースでも「できない人は…」のやり方ですべきというわけでもありません。

　得意な種目、苦手な種目、強い部位、弱い部位は人それぞれです。本書では、各種目に負荷調整のアレンジを載せていますので、ご自分に合ったフォームで行ってください。

シーズン 1

腕立て伏せ①
フルレンジ・プッシュアップ
▶P30

腕立て伏せ②
ハイスピード・プッシュアップ
▶P34

腹筋①
フルレンジ・ノンロック・クランチ
▶P38

腹筋②
ノンロック・レッグレイズ
▶P42

スクワット①
スロー to クイックスクワット
▶P46

スクワット②
ブルガリアン・スクワット
▶P50

背筋①
マニュアルレジスタンス・ローイング
▶P54

背筋②
フルレンジ・ノンロック・スーパーマン
▶P58

シーズン1 腕立て伏せ①

通常のフォームで10～20回＋膝をついて5回程度

フルレンジ・プッシュアップ

もっともメジャーな筋トレといえば腕立て伏せ（プッシュアップ）ですが、胸がつくまで下ろさないなど、やり方が甘い人がほとんどです。ここに示すきっちり効かせるフォームで正確に行えば、相当にハードです。ここでは通常のフォームで限界まで反復したのち、膝をついてさらに数回筋肉を追い込み切ります。

ここが鍛えられる！

胸の筋肉（大胸筋）を刺激し、厚い胸板を作る。二の腕の裏側（上腕三頭筋）と肩（三角筋前部）にも効果があります。

- 三角筋前部
- 上腕三頭筋
- 大胸筋

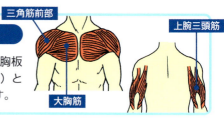

1 まずは膝を伸ばして"限界まで"反復
（10～20回が目安）

①2秒で胸がつくまで深く下ろす

2秒

POINT 手幅は肩幅強－1.5倍弱

POINT 必ず胸をつける
お腹や肋骨が先に床についてしまう場合は「お尻を若干上げ気味」にすると良い

POINT 手は肩の横に置く
こうすることで深く腕を引いて、深く肘を曲げられる

シーズン1 | フルレンジ・プッシュアップ

② 1秒で体をまっすぐにして上げる

POINT
体はまっすぐをキープ
腰はもちろん胸も反らさない

1秒

POINT
足は開いてもOK
足を少し開いた方が安定が増す。
ぴったり閉じなくても良い

2 膝をついて"さらに限界まで"繰り返す （5回程度が目安）

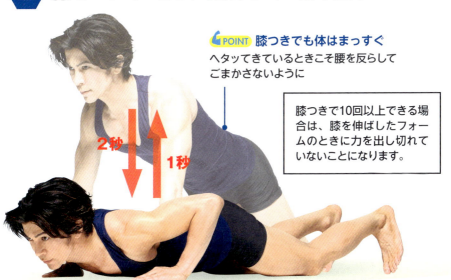

POINT 膝つきでも体はまっすぐ
ヘタってきているときこそ腰を反らして
ごまかさないように

2秒 1秒

膝つきで10回以上できる場合は、膝を伸ばしたフォームのときに力を出し切れていないことになります。

谷本's POINT 筋

負荷を落としてさらに追い込むテクニックを
「ドロップセット」といいます。

31

NG

胸がつかない

胸がつくまで下ろさないのは「腕立て伏せかけ」です。顎や鼻がつくまででは不十分。しっかり深く下ろすほど筋肉に加わる刺激が強くなります。

腰が反る

まっすぐキープ「できているつもり」でも、意外と腰を反らせてお尻が下に落ちていたりするものです。一度、鏡で確認を。

負荷の調整法1

[強度up⤴]

椅子を使う

椅子などに足をのせます。ただし、足を上げると腰が落ちやすくなるため、腰はやや上げ気味を意識して。「ドロップセット」では、足を椅子から床に下ろして行います。

負荷の調整法2

[強度down⤵]

膝をつく

はじめから膝つきで行います。膝と手の位置が近づくほど負荷は小さくなっていくため、「ドロップセット」では、膝と手を近づけます。

POINT 膝と手の距離が近いほど負荷が小さい

シーズン1 | フルレンジ・プッシュアップ

できない人は…

テーブルなどの台を利用しましょう。台の近くに立って軽く膝を曲げて行います。無理に背伸びせず「いまの自分に合った適切な負荷」でしっかり丁寧に行うことが大切です。

1 まずは台に手をついて軽く膝を曲げ、限界まで反復
（10〜20回が目安）

POINT 台に胸がつくまで下ろす

POINT 親指をかける
置いた手が前に滑らないように親指をかけても良い

2 さらに片足を少し前について繰り返す
（5回程度が目安）

POINT 片足を少し前に置く

負荷の調整法

台から遠くに立つほど負荷は上がり、近くに立つほど負荷が下がります。遠くに立つ場合は、膝を伸ばします。

遠いほど負荷大

シーズン1 腕立て伏せ②

30秒全力→10秒休憩→20秒全力

ハイスピード・プッシュアップ

「30秒全力→10秒休憩→20秒全力」と時間を区切って素早くたくさん行う腕立て伏せ（プッシュアップ）です。怪我の防止と落下の衝撃をしっかり筋肉で受け止めるために、下ろす動作をやや丁寧に行いましょう。上がらなくなったら無理はせず、膝をついて繰り返します。

ここが鍛えられる！

胸の筋肉（大胸筋）を刺激し、厚い胸板を作る。二の腕の裏側（上腕三頭筋）と肩（三角筋前部）にも効果があります。

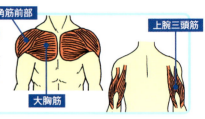

三角筋前部／上腕三頭筋／大胸筋

1 まず30秒でできるだけ速く

POINT 下ろすときはやや丁寧に　落下を筋肉で受け止めるように

POINT 手は肩の横に置く　手幅は肩幅強－1.5倍弱

谷本's POINT 筋 1〜2秒休んででも膝をついてでも全力でやり切る。

シーズン1 | ハイスピード・プッシュアップ

2 膝をついて10秒休憩

3 さらに20秒でできるだけ速く

POINT
体はまっすぐ

POINT
速くても胸はつける
あたるのが痛ければタオルなどを
胸の下に敷くと良い

> **NG**

腰が反る

速く行うと、自分では「できているつもり」でも、お尻が落ちて腰から上だけの動きになりやすいです。「体はまっすぐ」を、特に意識しましょう。

手を置く位置が肩から遠い

手は肩の横に置くと深く腕を引いて、深く肘を曲げられます。手は肩の横に置くこと。

負荷の調整法

[強度down ➘]
膝をついて行う

上がらなくなったら

手と膝を近づける

はじめから膝つきで行うと負荷が小さくなります。膝と手の位置が近づくほど負荷が小さくなるので、上がらなくなったら膝と手の距離を近づけます。無理せずにできる負荷で行いましょう。

シーズン1 | ハイスピード・プッシュアップ

できない人は…

テーブルなどの台を利用しましょう。手をついて台の近くに立って軽く膝を曲げて「30秒全力→10秒休憩→20秒全力」を行います。

台に手をついて限界まで反復
（30秒全力→10秒休憩→20秒全力）

POINT 安定した台で
ずれにくい安定した台で行う。キッチンシンクなどがおすすめ

POINT 10秒休憩
立って休憩し、次の20秒の全力に備える

POINT 親指をかける

上がらなくなったら、片足を少し前に出す

前に出す

負荷の調整法
台から遠くに立つほど負荷が上がり、近くに立つほど負荷が下がる。近くに立つ場合は膝を少し曲げる。

遠いほど負荷大

37

シーズン1 腹筋① フルレンジ・ノンロック・クランチ

10回を全力で高く

腹筋は「胸のあたりを丸めると上部、腰のあたりを丸めると下部に効く」という特徴があります。この種目では、みぞおちから上を丸め上げつつ、お尻も上げることで、腹筋の主に上部、さらには下部にも効きます。腹筋は回数ではありません。たった10回でもポイントを押さえて行えば腹筋に効果的に効かせることができます。

ここが鍛えられる！

腹筋（腹直筋）を刺激し、最高の腹筋を手に入れる。主に鍛えられるのは腹直筋の上部ですが、下部にも効果があります。

腹直筋

毎回目いっぱい「キュー」と上げてじっくり下ろす （10回を全力で高く）

①2秒で「キュー」と目いっぱい上げ切る

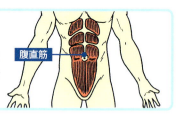

POINT 手を腿に沿って滑らせてできるだけ進める
手の進み具合でどれだけ上体を上げられているかがわかる

POINT 首からみぞおちまで丸め上げる
上から順におへそを覗くように丸め上げる

POINT キューと上げ切る
「キュー」と声に出して目いっぱい高く上げ切る

POINT お尻も上げる
お尻も上げて腰を丸め上げる

2秒

②2秒で丁寧に下ろす

> **POINT**
> **大きめのバスタオルを敷く**
> 腰の下に大きめのバスタオルを2枚ほど重ねて敷くことで、背中を反らせて、動作範囲を大きくする

> **POINT**
> **頭と肩はつかない**
> 深く下ろすことが大事だが、下ろし切って力を抜かないように

> **POINT**
> **首が痛む場合は手で頭を支える**
> 手はそっと首を支えるだけで、手の力で上げようとしないこと。反動でごまかしやすく、首も痛めやすい

 強く上げ切って力を込めるテクニックを「ピークコントラクション」といいます。

ストレッチ

腹筋はしっかり追い込むとその後つりやすくなる。じっくり10〜15秒背中を反らせて伸ばしておこう。

NG

お尻を上げない

みぞおちから上体を丸め上げるだけでなく、お尻も上げましょう。お尻を上げることで、腹直筋の下部にも効きます。

キュー と言わない

「キュー」と声に出すことで、より強く力を込めて高く上げ切りやすくなります。恥ずかしがらずにしっかりと声を出して追い込みましょう。

負荷の調整法

手の位置で負荷が変わる

負荷は、上体とお尻を丸め上げる高さと、手の位置で調整します。手を上げて体の中心から遠くに置くほど負荷が大きくなります。なお、基本のフォームで手が下にあるのは、手先の進み具合でどれだけ上体を上げられたかを認識するため、つまり「自分に甘えないため」です。

[強度up↑]

[強度down↓]

できない人は…

背中を反らすための大きめのバスタオルは敷かずに行います。お尻を上げる動きは行わなくて結構です。その代わり、上体を丸め上げる動きをしっかりと行います。

毎回しっかりキューと上げ切り、じっくり下ろす（10回を全力で高く）

①2秒でキューっと目いっぱい上げる

POINT お尻は上げない

POINT 大きめのバスタオルは敷かない

2秒

②2秒で丁寧に下ろす

2秒

負荷の調整法

[強度down↓]

どうしても上げられない場合は、手で腿裏をつかんで補助しても良い。ただし手に頼り切らず、極力腹筋の力で上げるように。

シーズン1 腹筋② ノンロック・レッグレイズ

10回を全力で高く

椅子などに腰掛けた姿勢で、足の上げ下ろしを繰り返します。足を上げる動作では、腰を丸めていくので、腹筋の下部を中心に足を振り出す腸腰筋と腿前の大腿直筋にも効きます。この種目でも「キュー」と声を出してしっかり上げ切ります。下ろす動作も丁寧に行ってください。

ここが鍛えられる！

腹筋（腹直筋）を刺激し、最高の腹筋を手に入れる。主に腹直筋の下部に効きます。下腹の深いところの筋肉（腸腰筋）や太腿の筋肉（大腿直筋）にも効果があります。

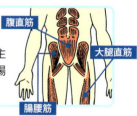

腹直筋 / 大腿直筋 / 腸腰筋

毎回目いっぱいキューと上げ切り、じっくり下ろす（10回を全力で高く）

① 2秒でキューと目いっぱい上げる

キュー

POINT キューと上げ切る
「キュー」と声に出して目いっぱい足を高く上げ切る

2秒

POINT できるだけ足を伸ばすが若干膝が曲がっても良い

POINT 椅子の後ろを持つ
上体を安定させるため椅子の後ろをつかむ。ソファーで行う場合は手を前について体を支える

シーズン1 | ノンロック・レッグレイズ

② 2秒で丁寧に下ろす

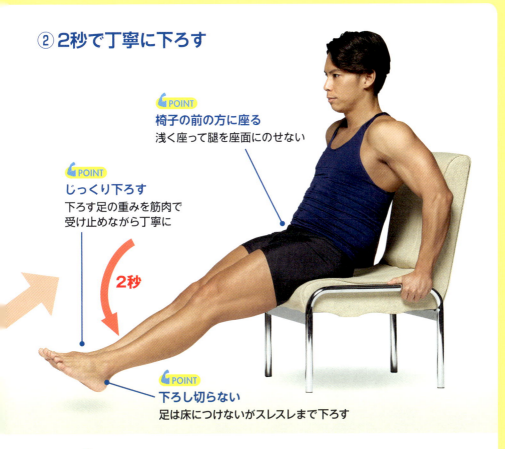

POINT 椅子の前の方に座る
浅く座って腿を座面にのせない

POINT じっくり下ろす
下ろす足の重みを筋肉で受け止めながら丁寧に

2秒

POINT 下ろし切らない
足は床につけないがスレスレまで下ろす

強く上げ切って力を込めるテクニックを「ピークコントラクション」といいます。

胸のあたりを丸める種目で腹筋の主に上部を、腰のあたりを丸める種目で主に下部を鍛えます。

ストレッチ

腹筋はしっかり追い込むとその後つりやすくなる。じっくり10〜15秒背中を反らせて伸ばしておこう。

深く座る

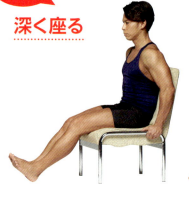

深く座ると、腿が座面にのり負荷が減ってしまいます。お尻だけで座って、腿は座面の外に出しましょう。

足をつく

足を下ろし切って力を抜く局面は作りません。足はつけずに、床スレスレまで深く下ろします。足をつくと負荷を腹筋で受け止めずに、ストンと落とす動きになりがちです。

負荷の調整法

膝の曲げ伸ばし具合で負荷が変わる

[強度up⬆]

[強度down⬇]

負荷は、足を上げる高さと、膝の伸び具合で調整します。膝を伸ばすほど負荷が大きく、曲げるほど負荷が小さくなります。

シーズン1 | ノンロック・レッグレイズ

できない人は…

膝を目いっぱいたたんで行います。ただし、毎回できる範囲でしっかり上げ切ることを忘れずに。

毎回目いっぱいキューと上げ切り、じっくり下ろす（10回を全力で高く）

①2秒でキューと目いっぱい上げる　　②2秒で丁寧に下ろす

POINT 膝を深く曲げる

2秒

テーブルやデスクでも

テーブルに向かった状態でもでき、デスクでの「ながらトレ」などにも使える方法。テーブルの下で動きを小さめに行うことも可能。

45

シーズン1	「スロー」で10～20回＋「クイック」で5回程度
スクワット①	# スローto クイック スクワット

スクワットのポイントは、腰掛けるようにお尻を引きながら上体を前傾させて、しっかり深くしゃがむことです。動き方は日常で椅子に座ったりしゃがみ込んだりするときと同じです。ゆっくりとした動きと素早い動きの2つの異なるテンポを組み合わせて、腿とお尻をパンパンに追い込み切ります。

ここが鍛えられる！

前腿（大腿四頭筋）とお尻（大殿筋）を中心に下半身全体を鍛えます。

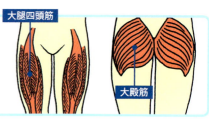

大腿四頭筋　大殿筋

1 まずは「スロー」で"限界まで"反復
（10～20回が目安）

①2秒で深くしゃがむ

2秒

POINT　しゃがみ切る手前まで深く
背すじは伸ばしたまま、しっかり深く

POINT　下ろすときはやや丁寧に
落下を筋肉で受け止めるように。怪我防止の意味もあります

POINT　背すじを伸ばす
腰を丸めずにしゃがむ"裏技"として「つま先と膝をやや開く」と良い。お腹が腿にあたってしまう人にも有効です

やや開く

谷本's POINT 筋
スローでは、しゃがみ切ったり、立ち上がり切ったりせずに、「力を入れっぱなし」で動きます。

シーズン1 | スロー to クイック スクワット

② 2秒で直立の手前まで立つ

POINT
立ち上がり切らない

POINT
足首が硬い人は古雑誌等を
足首が硬くて深くしゃがめない人はこの方法で。足首をストレッチで柔らかくするのは困難なので無理しない

POINT
足は肩幅程度
足幅はさまざまなバリエーションがあります。肩幅程度が標準的です

❷ さらに「クイック」でできるだけ速く
（5回程度が目安）

POINT
立ち上がり切る

スローで反復できなくなったら、さらにできるだけ速く数回繰り返す。このときは立ち上がり切って良い。

POINT
しゃがみ切って下で弾まない

47

NG

しゃがみが浅い

「太ももが床と平行」よりもさらに深く下ろします。深く下ろすほど筋肉への刺激が強くなり、負荷も大きくなります。自重なら深く下ろしても腰・膝を痛めるリスクはさほどありません。

立ち上がり切る

スローでは力を入れ続けて動作することで、血流を制限して筋肉を過酷に追い込みます。立ち上がるときは膝を伸ばし切らず、下でも完全にしゃがみ切りません。

上体を立てたまましゃがむ

上体を立てたまましゃがむと、いわゆる「膝が前に出た」フォームになります。自然にしゃがめば、お尻が引けて上体が前傾するので膝は前に出ないはず。お尻に効かないばかりか、膝を痛めやすいので注意してください。

背中が曲がる

背中が前に曲がると、腰が丸まった分だけ股関節の動きが小さくなり、足の筋トレ効果は減ってしまいます。また腰も痛めやすくなります。股関節が硬い人やお腹が腿にあたる人は、膝を開く裏技を試してください。

シーズン1 | スロー to クイック スクワット

できない人は…

テーブルなどに手をついて行うと、負荷を下げられます。

1 机に手をついて、スローで限界まで反復
（10〜20回が目安）

2秒 ↕ 2秒

POINT 立ち上がり切らない

POINT 手で押して補助しながら上げる
下ろすときは手を添えるくらいで

2 さらにクイックでできるだけ速く
（5回程度が目安）

POINT 立ち上がり切る

POINT 下ろすときはやや丁寧に

シーズン1 スクワット②	限界まで10～20回＋膝を押して3回程度

ブルガリアン・スクワット

片足を後方に引き、椅子などに置いて行う片足のスクワット。腿と胸がつくまでしっかり深くしゃがみ、上げるときは後ろの足も使って上げることが重要。片足ずつを反復できなくなるまで行います。

ここが鍛えられる！

前腿（大腿四頭筋）とお尻（大殿筋）を中心に下半身全体を鍛えます。後ろの足の腸腰筋にも効きます。

腸腰筋
大腿四頭筋
大殿筋

1 椅子などに片足をのせて "限界まで" 反復 （10～20回が目安）

①1秒で前傾しながら深くしゃがむ

1秒

速いテンポがやりにくい場合は、少しゆっくりめで行っても良い。

POINT
胸を腿（膝）につける
前傾しながら深くしゃがむ

POINT
背すじは伸ばす
背中は丸めずに

POINT
足首が硬い人は古雑誌等を

シーズン1 | ブルガリアン・スクワット

②1秒で後ろの足も使って立つ

POINT 横に幅をとる
横に足幅をとると安定する

1秒

POINT 手は腰に置く
腕を横に広げることでバランスがとれる

POINT 後ろの足も使う
後ろから前に振り出す力を意識しよう

2 膝を押しながらさらに繰り返す
（3回程度が目安）

1秒 1秒

POINT
手で膝を軽く押して立つ
ただし、しゃがむときは手を
添えるだけで補助はしない

POINT
左右交互ではない
片側を連続で行う。反対の足も同様に

上がらなくなったところから補助を入れてさらに数回
追い込み切るテクニックを「フォーストレップ」と言います。

膝が前に出る

上体を起こしたまま足を近くにつくと、膝が前に突き出ます。膝を痛めやすいうえに、お尻に効きません。

しゃがみが浅い

上体を前傾して、腿が胸につくまでしっかり深くしゃがみましょう。浅く20回よりも、しっかり深く10回の方が効果的です。

背中を丸める

背中を丸めて、胸をつけにいかないこと。背すじを伸ばして、股関節の動作で上体を前傾させます。

負荷の調整法

[強度down⬇]
膝を強く押す

手で膝を押すと、負荷が下がります。筋力に合わせて、手で補助する力に強弱をつけましょう。ただし補助に甘えすぎないこと。体を下ろすときは極力、補助なしでやってみてください。

シーズン1 | ブルガリアン・スクワット

できない人は…

椅子に足をのせずにテーブルに手を置いて行う。

1 まずは机に手を添えるくらいで限界まで反復
（10〜20回が目安）

POINT 手は極力添える程度で

1秒 / 1秒

2 机にやや体重をかけてさらに繰り返す
（3回程度が目安）

POINT 机に体重をかけて腕で押す
ただし極力自力で上げるように

1秒 / 1秒

シーズン1 背筋①

左右に全力で12往復

マニュアル レジスタンス・ローイング

お腹の前でオペラ歌手のように両手を組み、全力で引き合いながら右へ左へと動かしていきます。このように、自分で負荷をかける方法を「マニュアルレジスタンス（徒手抵抗）トレーニング」といいます。負荷の大きさは自分次第なので、自分に甘えないように。しっかりと左右に引き切り、大きく動作することも大事です。

ここが鍛えられる！

背面を鍛えて、語れる背中を作る。背中（広背筋）を中心に、肩（三角筋・僧帽筋）、腕（上腕二頭筋）などに効果があります。

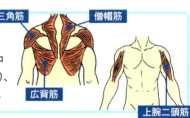

三角筋／僧帽筋／広背筋／上腕二頭筋

1 全力で引き合いながら左右に引き切る
（まず6往復）

①両手で全力で引き合いながら 2秒で左から右へ

POINT 体は正面をキープ
腕の動きにつられて両肩があまり回らないように

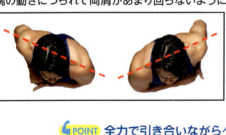

2秒

POINT 全力で引き合いながら

谷本's POINT 腕を引くときに、肩を引いて肩甲骨を背骨側に寄せると背中の広背筋をうまく使えます。

シーズン1 | マニュアルレジスタンス・ローイング

②両手で全力で引き合いながら2秒で右から左へ

POINT 大きく引き切る
肘を後ろまで引き切る

POINT 手はお腹の前
肩が上がらないように

2 6回行ったところで手の上下を持ち替えて続ける（さらに6往復）

POINT 素早く手を持ち替える
2秒ほどで速やかに

2秒

途中で手を持ち替えることで、手の組み方による負荷が左右で均等になります。全力を毎回発揮し続けるので、間に小休止を入れる意味もかねています。

※番組では手を持ち替えずに「休みなく一気に」12回行いました。この方法も相当にハードです。

谷本's POINT 筋　「徒手抵抗」は力をかけ合うときにいきんで息を止めてしまいがちです。いきむと血圧が上がるので、呼吸を止めないように注意して行ってください。

NG

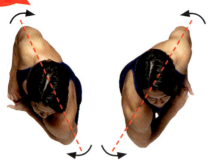

体が左右に回る

腕を引く動作につられて体が回ってしまうと、腕を引く動きになりません。体は正面をキープします。

肩が上がる

腕を曲げて引こうとすると肩が上がりがち。肩を落とし、肘を引く動きを意識すると背中の筋肉をうまく使えます。

肩甲骨が引けていない

肩甲骨を引かずに肘だけを引く動きでは、背中の広背筋をうまく使えません。肩甲骨を引いて背骨側に寄せる動きは、簡単に言えば肩を引く動きです。

シーズン1 | マニュアルレジスタンス・ローイング

できない人は…

この種目では負荷の大きさは自分次第。なので、やり方は同じです。筋力が弱い方でも毎回全力で取り組むことが大事です。

1 全力で引き合いながら左右に引き切る（まず6往復）

①両手で全力で引き合いながら2秒で左から右へ

※本を見ながらそのまま実践できるように左右を逆にしています

②両手で全力で引き合いながら2秒で右から左へ

2 6回行ったところで手の上下を持ち替えて続ける（さらに6往復）

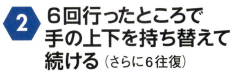

シーズン1 背筋②

10回を全力で高く

フルレンジ・ノンロック・スーパーマン

全身を弓なりに反らす空飛ぶスーパーマンのような姿勢をとって、脊柱起立筋を中心に背中から腿裏まで背面全体をいっぺんに鍛えます。大きめのバスタオルをお腹の下に敷いて、背中を丸めたところから動作を開始します。上体を反り上げるときは「キュー」と声を出して高く上げ切り、手足を下ろすときは床につけません。

ここが鍛えられる！

背面全体を鍛えて、語れる背中を作る。背中（脊柱起立筋・広背筋・僧帽筋）を中心に、肩（三角筋）、お尻（大殿筋）、腿裏（ハムストリング）など背面全体に効果があります。

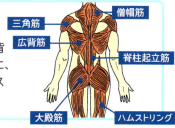

僧帽筋／三角筋／広背筋／脊柱起立筋／大殿筋／ハムストリング

毎回目いっぱいキューと上げてじっくり下ろす（10回を全力で）

① 2秒でキューと目いっぱい上げ切る

POINT　「キュー」と声に出して目いっぱい高く上げ切る

POINT　足も上げる

2秒

② 2秒で丁寧に下ろす

POINT 手と足はつかない
下ろし切って力を抜かない

2秒

POINT 大きめのバスタオルを敷く
お腹の下に大きめのバスタオルを2枚ほど敷く。
こうすることで背中がしっかり丸まり、動作範囲が大きくなる

POINT 手を横に開く
横に開いて腕を上げることで肩甲骨が寄り、体幹が反りやすくなる。肩甲骨を寄せる僧帽筋の中・下部にも効く

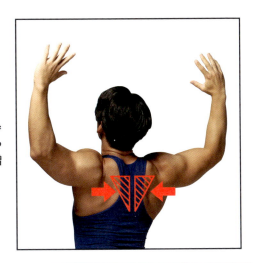

肩甲骨の動きと体幹の屈曲・伸展の動きは連動しています。
肩を引くと背筋が伸びて、姿勢も整います。

痛みに不安がある場合には、ゆっくりめに行ってください。

NG

手を真上に上げる

手を真上に伸ばす方法もありますが、肩甲骨周辺の筋肉にも効かせるために、横に開いて肘を上げます。肩甲骨が中心に寄ることで、背骨も反りやすくなります。

キューと言わない

「キュー」と声に出すことで、より力を込めて上げやすくなります。上げ切ったらそこで一瞬止めるイメージで。恥ずかしがらずにしっかりと声を出しましょう。

負荷の調整法

肘・膝の曲げ具合、重りを持つ

強度を下げたい人は肘をより曲げたり、膝を曲げて、強度を上げたい人は手にペットボトルなどを持って行います。1リットル分のペットボトルでも、腕をしっかり伸ばして丁寧に動作すれば、かなりキツイはずです。

[強度down↓]

[強度up↑]

シーズン1 | フルレンジ・ノンロック・スーパーマン

できない人は…

全身の反らし具合で調整します。また、手を下ろして行うともっとラクにできるようになります。ただし、毎回できる範囲でしっかり上げ切ることを忘れずに。

毎回しっかりキューと上げ切り、じっくり下ろす （10回を全力で高く）

①2秒でキューとしっかり上げる

POINT 手をしっかり上げる
手を上げることで肩甲骨が寄り背すじを反らせやすくなる

②2秒で丁寧に下ろす

谷本's POINT 筋

腕を外にひねって手の平を外に向けながら上げると、より肩甲骨が寄りやすくなります。

Interview | Shinji Takeda

筋肉アシスタント ①
武田真治さん
インタビュー

1972年生。俳優、ミュージシャン。第2回JUNONスーパーボーイコンテストグランプリ受賞後、俳優デビュー。映画「御法度」で日本アカデミー賞優秀助演男優賞とブルーリボン賞最優秀助演男優賞を受賞。サックスプレイヤーとしても活躍。

私の筋肉ヒストリー

17歳でデビューした僕は、細くてフェミニンな体型がトレードマークと言われるほど華奢。運動部に所属した経験がなく、サックスばかり吹いていたので、体を鍛えることに興味はありませんでした。

しかし20代に入ると、偏頭痛や食欲不振などの症状が起きるようになり、26歳のときに顎関節症と診断され、サックスが吹けなくなりました。これが僕にとって本当に大きな出来事でした。精神的にも滅入り、自分を変えるためには心身ともに土台から見つめ直し、肉体と心を鍛えなければならないと思いトレーニングを始めました。

通い始めた鍼灸師の勧めで、凝り固まっている筋肉を緩めるために、最初は縄跳びから始めました。乱れた生活で失われた体力は想像以上で、できて当たり前だと思っていた小学校低学年以来の縄跳びは、最初10回も跳べませんでした。すごく悔しかったですね。でも「ここで自分を変えないと終わる」という思いで、毎日毎日続けているうちに連続100回跳べるようになり、その後は500回まで回数を増やしていきました。

縄跳びを半年ほど続け、筋肉もいくぶんほぐれてきて、心肺機能も少しずつ回復してきたところで、今度は筋トレを始めました。1回数百円で利用できる東京体育館内のトレーニングジムに2年間通っていました。僕は自分がしてこなかった「運動部」を経験するべきだと思い、あえて上昇志向の強い高校生や大学生の多い公共の施設を選択しました。

ちょうどその頃、忌野清志郎さんの新しいバンドプロジェクト「ラフィータフィー」に参加したことで、当時清志郎さんがのめり込んでいた自転車にも乗るようにもなり、東京から鹿児島まで10日間で自転車で走ったこともあります。また元・世界チャンピオンの井岡弘樹さんの勧めでボクシング、それと同時期にランニングも始めました。今は自転車もボクシングもしていませんが、僕の筋肉ヒストリーには欠かせないものです。

Interview | Shinji Takeda

Q1 自分のなかで好きな筋肉はどこですか？

　好きな筋肉は特にないんです。なぜなら、肉体をきれいに見せるためにトレーニングをやっているわけではないからです。僕はボディビルダーになるつもりはないですし、なれるとも思っていません。専門的なサプリを摂取したり、食事制限をしたりすることもありません。好きなものを食べて、その分、運動するのが僕のスタイルです。

　何より体調が改善された今、僕が鍛えているのは心です。筋トレ中も「昨日の自分に負けない」という思いでやっています。

Q2 ご自身のトレーニングメニューとトレーニングの際に意識していることは？

　2日に1回の頻度で、ベンチプレスをやっています。30kg、50kg、70kg、90kgを10回ずつやり、最後に30kgを100回。このメニューはわずか30分程度でできます。ベンチプレスは数回持ち上げるだけで、肉体に変化が出やすく、意外にも姿勢も呼吸もラクなのでおすすめです。

　あとは週2回ランニングをしています。できない週もあるのでトータル100kmを月の目標にしていて、1回15kmが目安です。タイムはだいたい1時間15〜30分で走るようにしています。

Q3 筋肉を鍛えてよかったと思うことは？

　肉体はその人がどれだけ努力できる人間かを示す一番の名刺になると考えています。鍛えられた筋肉はどんなお金持ちでもお金では買えず、地道に苦しみや痛みに向き合い耐えてきたことを表しているからです。実際に、筋肉を鍛えてきたことで仕事のチャンスも増えました。気づいてくれる人は、ちゃんと気づいてくれているのだなと思いました。

63

Q4 「みんなで筋肉体操」のオファーが来たときにどう思いましたか?

放送時間が23時台だったので、いわゆる「体操のお兄さん」みたいな感じの番組にしては遅いし、「どういう番組でどこを目指しているんだろう?」という印象でした。収録時は、短パンとタンクトップ姿が嫌だなと思いました(笑)。

放送後はシュールで面白いと話題になりましたが、もしかしたら僕自身が一番、いまだに番組の面白さをわかっていないのかもしれません。ただただ真剣にトレーニングをしているだけですから。

Q5 「みんなで筋肉体操」でおすすめの体操は?

おすすめは、シーズン1の「ブルガリアン・スクワット」。片足を椅子にのせ、太ももが胸につくまで前傾してしゃがみ込むスクワットです。深い上下運動で足腰を動かすことは日常生活ではほとんどないので、足の筋トレはおろそかになりがちです。女性にとっては、かなりのヒップアップ効果があると言われているので、ぜひ試してみてください。

Q6 「みんなで筋肉体操」の反響を教えてください

第1弾の収録は4種目で3時間程度でしたので、正直さっと終わった印象でした。でもそのあとの反響がものすごく、年末のビッグイベントである紅白歌合戦に出演させていただいたり、第2弾が放送されたりと、放送後から徐々に思い入れが芽生えてくる感じでした。今では「みんなで筋肉体操」が僕のイメージになっているようにも感じます。僕よりも体を鍛えている方はたくさんいらっしゃるので、筋肉キャラとして扱っていただけるのは何だかおこがましいなという気持ちもありますが、50代目前の中年男性がこういう体型を保てていることが多くの方の希望や目標になっているという声も聞こえてきているので、今のトレーニングメニューをまだしばらくは続けていきたいと思っています。

Q7 (最後に) 視聴者や読者の方にひとことお願いします

わずかなスペースで5分という時間でできる「みんなで筋肉体操」が筋トレ初心者、あるいはしばらく筋トレから遠ざかっている方にとって、トレーニングを始めるきっかけになればと思います。

筋肉は性別問わず、何歳からでも成長します。たくさん筋肉をつけて、代謝のいい体で健康な人生をみんなで送りましょう。

僕は鍛えることで安らぎや余裕ある心を手に入れることができました。鍛え上げられた肉体は人生を豊かに変えてくれます。「筋肉は裏切らない!」

Interview | Tatsumasa Murasame

筋肉アシスタント ②
村雨辰剛さん
インタビュー

1988年生。庭師、タレント。高校時代にホームステイを経験した後、19歳で日本に移住。23歳のときに、日本古来の文化と関わって仕事がしたいと考え、造園業に飛び込み、庭師へ転身。26歳で日本国籍を取得、村雨辰剛に改名する。

ひとつは、子どもの頃によく面倒をみてもらっていた親戚のおばさんが筋トレをしていたからです。おばさんが通っているジムに連れて行ってもらっていました。そのおかげでジムは子どもの頃から身近な存在でした。

もうひとつは、思春期の頃に「自分を変えたい、もっと自信が欲しい」と思うようになったことです。というのも、それまではゲームばかりやっていて体が細くて小さく、父親からも「おまえは体が細いな。もうちょっとスポーツをやったらどうか」と言われていたからです。それで落ち込んでいた時期もありました。そこで、ジムに入会して筋トレを始めるようになりました。

わりとすぐに体に変化が出て、周りからも「大きくなったね」と言われたことで、筋トレにどんどんハマっていきました。最初は、ジムの場所が遠かったこともあり、学校が終わってからジムに向かうのがつらかったのですが、結果が出始めると「ああ、ジムに行きたい！」となっていきました。他にも、体が強くなることでさらに重いものを持ちあげられるようになる喜びもありました。

来日してからも、ジムにはずっと通っています。最初の頃は、日本の社会や生活に慣れることに必死で、回数を減らしていましたが、体を鍛えることは好きだし、筋トレはもはや自分の一部みたいなものなので、徐々に増えていきました。「いつか大会に出場してみたい」という気持ちもあったので、２０１６年に1度だけ「サマー・スタイル・アワード」のフィジーク部門に出場しました。そのときは決勝戦まで進出しましたが、入賞はしませんでした。結構、体は仕上がっていたと思いますが、残念でした。

今は日課として筋トレを続けていますが、庭師としての活動の方に集中しているので、大会への出場は考えていません。調子がいいときは出てもいいかなと思うんですけどね（笑）。

Interview | Tatsumasa Murasame

Q1 自分のなかで好きな筋肉はどこですか？

好きな筋肉は大胸筋です。でもすべての筋肉を同じくらい愛情をかけて鍛えないといけないので、極端に好きな筋肉はありません。好きな筋肉があると、どうしてもそこだけのトレーニングをやりたがってしまうので（笑）。

Q2 ご自身のトレーニングメニューとトレーニングの際に意識していることは？

効率的に行うために部位ごとに分け、決めた部位を１時間前後ひたすらトレーニングします。今日（取材当日）は、腕立て伏せでウォームアップしてからダンベルプレスやディップスなどで大胸筋と上腕三頭筋を鍛えました。

トレーナーはつけたことがなく、ボディビルダーの先輩たちを参考に、自己流で行っています。筋トレ後は、毎回、プロテインを飲みながら自己反省会をやり、次はどうするか考えています。

トレーニングを続けることでいろいろな種目を覚えたので、昔に比べると筋トレのバリエーションが増えました。

Q3 筋肉を鍛えてよかったと思うことは？

庭師は重いものを持ち上げるなど肉体労働が多く、体を使う仕事なので、筋肉を鍛えておいてよかったと思います。何より怪我をしたことがありません。

物を持ち上げるときの正しい持ち上げ方など、なるべく体に負担をかけないような動き方は、筋トレをやってきたからこそわかることだと思います。

Interview | Tatsumasa Murasame

Q4 「みんなで筋肉体操」のオファーが来たときにどう思いましたか？

「筋トレの楽しさを世の中に広めていきたい」と思っていたので、筋トレに関する仕事ができてうれしかったですね。

初めて番組の担当者さんにお会いしたときに、「『みんなの体操』の筋肉版をやります」とは言われたのですが、そのときはまだ詳細は決まっていない状態で、だからこそワクワクしましたね。

Q5 「みんなで筋肉体操」でおすすめの体操は？

僕は腕立て伏せが好きです。筋肉体操で行う腕立て伏せは、かなり効果もあるので、ぜひ試していただきたいですね。

最初からジムでがっつり筋トレができなくても、番組を見ながら少し筋トレをやってみることで、体を鍛える楽しさに気づき、自分に自信を持てるようになると思います。

Q6 「みんなで筋肉体操」の反響を教えてください

事前にSNSでプロモーション動画が流れていたのですが、その時点で「どんな番組が始まるの!?」と反応が大きかったです。オンエア後はSNSでの反響がものすごくて。番組のコンセプトやキャスティングなど、いい意味で謎の要素が多く、見ている方もツッコミどころが多くて戸惑ったと思います。とくに僕は、この顔で村雨辰剛という名前ですからね（笑）。

スウェーデンに住む家族や友達にも番組を見せたのですが、彼らも「何でこんな衣装を着るの？　何でこのステージなの？　何でこんなシュールな音楽がかかっているの？」と不思議がっていました。

Q7 （最後に）視聴者や読者の方にひとことお願いします

「自分を変えたい」「人生を変えたい」という方にとって、筋トレほど単純でシンプルなものはないと思っています。

筋トレは、筋肉を鍛えるだけでなく精神面も鍛えることができます。その精神的な強さが行動力に繋がり、僕はスウェーデンから日本人に帰化して、庭師としても活動できています。これはすべて、筋トレの延長上だと思っています。

慣れるまでは少しずつでいいので、ぜひ筋トレをやってみてほしいですね。

Interview | Kota Kobayashi

筋肉アシスタント ③
小林航太さん
インタビュー

1988年生。法律事務所ストレングス代表、弁護士。東京大学文科一類に現役合格するも無気力状態になり、2年間留年後、東京大学法学部を卒業。その後、首都大学東京 法科大学院に入学し、2016年司法試験に一発合格。コスプレユニットに参加するなど、コスプレイヤーとしても活躍。

私の 筋肉ヒストリー

もともとアニメや漫画、ゲームのキャラクターのコスプレを趣味でやっていました。きっかけは2013年に行われた「ワンダーフェスティバル」というイベント。ここで知り合ったコスプレイヤーの人が『ONE PIECE』のミホークのコスプレをしていました。

ミホークは結構マッチョなキャラクターなのですが、コスプレイヤーの人はちゃんと体を鍛えていて、かっこよく見えました。一方、当時の自分はガリガリ。中学・高校もほぼ帰宅部で、それまで運動をまったくしてきませんでした。そういうコスプレイヤーさんがいることを知って、ガリガリな体でコスプレをするのは恥ずかしいなと……、マッチョなキャラクターでも自分の筋肉でかっこよく見せられるコスプレがしたいと思うようになり、筋トレを始めました。

最初は、市の公共施設のスポーツジムに週2～3回のペースで通い始めました。そういうところには、「おせっかい焼きのおっちゃん」が結構いて（笑）、見るからに初心者だとマシンの使い方などを色々と手ほどきしてくれます。それで周りの人を見よう見まねで始めたという感じでした。現在はフィットネスジムに週5～6回、1回1時間半程度のペースで通っています。

筋トレを始めて3カ月目頃から体は目に見えて変わってきて、1年もするとかなり変わりました。筋トレ初心者にとっては3カ月続けるのは難しいかもしれませんが、僕は意外と楽しかったから続けられたのかなと思います。ただ司法試験を受ける直前は、勉強に集中しないとならないし、怪我をしたら大変。なので、試験前のちょうど100日間は筋トレを休止していました。

筋トレを続けたことで、精神面でも多少は自信を持てるようになったのかなと思います。ただ自分の目標は、「『キン肉マン』に出てくるネプチューンマンのコスプレをすること」。だから、もっと体を大きくしないとならないし、まだまだ目指す先は遠いです。周りの人には十分大きいと言ってもらえますが、自分としてはまだ伸びしろしかないと思っています（笑）。

Interview | Kota Kobayashi

Q1 自分のなかで好きな筋肉はどこですか？

僕は背筋が好きです。2018年に出場したコンテストのときは、背中の筋肉がすごかったと言われました。知り合いには「背中お化け」と言われています（笑）。

Q2 ご自身のトレーニングメニューとトレーニングの際に意識していることは？

全身を「胸・背中・足・肩・腕」の5つに分け、ローテーションを組んで、1日ごとに回してやっています。セット回数はやって2セットですね。3セット以上やると集中力が持ちませんから。

正直、筋トレの種目や回数に正解はなく、何をやってもいいと思っています。最初は筋肉痛になりつらいかもしれませんが、筋肉痛になるということはそれだけ成長するということ。そう考えていたので、筋肉痛がつらいから続けられなかったということはなかったです。

Q3 筋肉を鍛えてよかったと思うことは？

筋トレを通じて、知り合いが増えたことです。「コスプレのために筋トレをしている」仲間ができ、今ではかけがえのない存在です。筋肉でできた仲間は裏切らないんだなと（笑）。

それと筋トレを始めた頃から、人生そのものが上向きになっていきました。筋トレを始めた当時は、法科大学院に何とか入学したものの、将来が見えないでいた時期。そんなときからスポーツジムに通うようになり、筋トレをしながら勉強を進め、そして司法試験に合格し、弁護士になりました。まさに、筋肉の成長と自分の成長がリンクしているといった感じです。

69

Interview | Kota Kobayashi

Q4 「みんなで筋肉体操」のオファーが来たときにどう思いましたか？

最初NHKのディレクターの方からTwitterでDMが届きました。匿名のアカウントからだったので、一瞬いたずらなのかなと思いましたが、「どういうこと？」と思いつつも内心はすごくワクワクしていました。

自分にしかできないような個性的な出演ができればいいなと思っていたのですが、「みんなで筋肉体操」はまさにそれでしたね。

Q5 「みんなで筋肉体操」でおすすめの体操は？

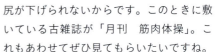

おすすめとは違うかもしれませんが、スクワットでは僕だけかかとの高さを上げるために古雑誌を敷いています。というのも、足首の硬い人はスクワットでお尻が下げられないからです。このときに敷いている古雑誌が「月刊　筋肉体操」。これもあわせてぜひ見てもらいたいですね。

それから、僕のキツそうな表情は演技ではないです。筋肉体操は真剣にやると本当にキツイです（笑）。

Q6 「みんなで筋肉体操」の反響を教えてください

番組のオンエア後には、出版の依頼が来たり、出身大学である東大系のメディアなどから取材依頼が殺到したりしました。あとは、しばらく連絡を取っていなかった同級生から連絡がたくさん来ました。

今後は、コミケで「みんなで筋肉体操」のコスプレをしてくれたらいいですね。鍛えあげたボディを持っている人を3人も集めなくてならないから、ハードルは高いですが。しかも、1人は北欧系の顔でないといけないし（笑）、会場には僕もいるかもしれませんしね。

Q7 （最後に）視聴者や読者の方にひとことお願いします

僕は基本的には、男性でも女性でも筋トレをやった方がいいと思っています。健康のためにもいいですし、筋肉があった方が見た目もよくなるのではないでしょうか。ただし、僕のようなハードな筋トレをする必要はありません。

筋トレは何よりも楽しく続けることが大事。「みんなで筋肉体操」は、その両立ができるよう、よく考えられたプログラムだと思います。ぜひ、楽しく続けてほしいですね！

シーズン 2

腕立て伏せ①
60秒インターミッテント・プッシュアップ
▶P72

腕立て伏せ②
エキセントリック・プッシュアップ
▶P76

腹筋①
ハイスピード・ニーアップ・クランチ
▶P80

腹筋②
ニーレイズ＆ストレート・レッグダウン
▶P84

スクワット①
フルボトム・スケーター・片足スクワット
▶P88

スクワット②
ハイスピード・ノンロック・スクワット
▶P92

背筋①
マニュアルレジスタンス・ロウローイング
▶P96

背筋②
ハイスピード・スーパーマン
▶P100

シーズン2 腕立て伏せ①

60秒インターミッテント・プッシュアップ

60秒間、やや速めのテンポで、5秒の休憩をはさみながら

60秒間、やや速めのテンポでひたすら腕立て伏せ（プッシュアップ）をし続けます。上がらなくなったら5秒間の休憩を入れて、再びひたすら腕立て伏せを繰り返します。それでも上がらなくなったら、膝をついて最後までやり切りましょう。

ここが鍛えられる！

胸の筋肉（大胸筋）を刺激し、厚い胸板を作る。二の腕の裏側（上腕三頭筋）と肩（三角筋前部）にも効果があります。

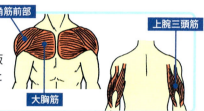

三角筋前部／大胸筋／上腕三頭筋

1 1秒に1回くらいの速めのテンポでひたすらプッシュアップ

POINT 速くても胸はつける
あたるのが痛ければタオルなどを胸の下に敷く。お腹や肋骨が先に床についてしまう場合は「お尻を若干上げ気味」にすると良い

POINT 手は肩の横に置く
手幅は肩幅強─1.5倍弱

POINT 下ろすときはやや丁寧に

シーズン2 | 60秒インターミッテント・プッシュアップ

2 上がらなくなったら5秒休憩して再びできなくなるまでをひたすら繰り返す

5秒休み　　　　　　　　　　　再び繰り返す

3 それでも上がらなくなったら膝をついて最後までやり切る

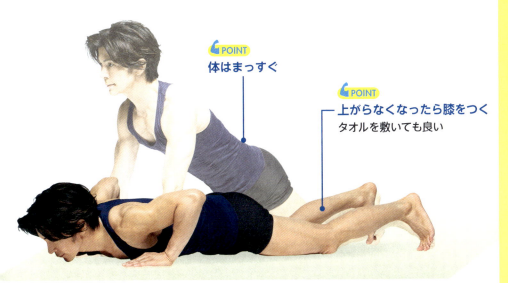

POINT 体はまっすぐ

POINT 上がらなくなったら膝をつく
タオルを敷いても良い

できなくなったら5秒ほどの休憩をはさんで、さらに続けるテクニックを「レストポーズ」といいます。

腰が反る　　　胸がつかない

速く行うと、自分では「できているつもり」でも、お尻が落ちて腰から上だけの動きになりやすいです。「体はまっすぐ」を、特に意識しましょう。

胸がつくまで下ろさないのは「腕立て伏せかけ」。速い動作でも胸がつくまでしっかり深く下ろすこと。

負荷の調整法

[強度down ↘]
膝をついて行う

はじめから膝つきで行うと負荷が小さくなります。膝と手の位置が近づくほどより負荷が小さくなるので、上がらなくなったら膝と手の距離を近づけます。無理せずにできる負荷で行いましょう。

遠いほど負荷大

近いほど負荷小

できない人は…

テーブルなどの台を利用しましょう。台の近くに立って軽く膝を曲げて行います。5秒の休憩を入れながら、60秒間ひたすら「できなくなるまで」を繰り返します。

60秒間やや速めのテンポでひたすらプッシュアップ

POINT 安定した台で

POINT 親指をかける

POINT 5秒休憩
上がらなくなったら片足を前に出して5秒休憩し、次の「ひたすら」に備える

負荷の調整法

上がらなくなったら、片足を少し前に出す。

台から遠くに立つほど負荷が上がり、近くに立つほど負荷が下がる。遠くに立つ場合は、膝を伸ばす。

遠いほど負荷大

シーズン2 腕立て伏せ②

丁寧に12回じっくり下ろす

エキセントリック・プッシュアップ

下ろす動作に強い負荷をかけて行う腕立て伏せ（プッシュアップ）です。「エキセントリック」とは、負荷に耐えながら下ろす動作のことです。足を高くすることで、通常よりも筋肉にかかる負荷を大きくします。下ろす動作に強い負荷をかけると、筋肉痛の程度も大きくなります。

ここが鍛えられる！

胸の筋肉（大胸筋）を刺激し、厚い胸板を作る。二の腕の裏側（上腕三頭筋）と肩（三角筋前部）にも効果があります。

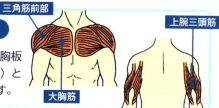

三角筋前部 / 上腕三頭筋 / 大胸筋

椅子などに足を置き、3秒で下ろして1秒で上げる（丁寧に12回）

①3秒で胸がつくまで深く下ろす

3秒

POINT 手は肩の横に置く

POINT 必ず胸をつける
お腹や肋骨が先に床についてしまう場合は「お尻を若干上げ気味」にすると良い

シーズン2 | エキセントリック・プッシュアップ

② 1秒で上げる

POINT 体はまっすぐ

1秒

上げるのが厳しければ無理せず
片膝をついて上げて良い

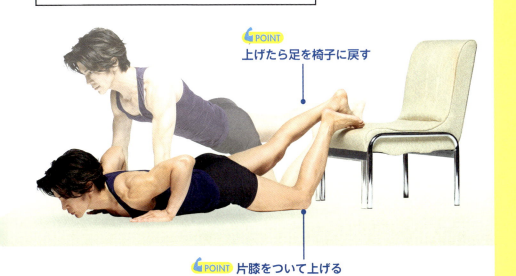

POINT 上げたら足を椅子に戻す

POINT 片膝をついて上げる

NG

腰が落ちる

足をのせた姿勢は腰が落ちやすくなるので、やや腰を上げ気味にすると良いでしょう。

手を置く位置が肩から遠い

手を胸の横に置くやり方もありますが、肩の横に置くことでより大きく腕を引き、大きく肘を曲げられるようになります。

負荷の調整法

[強度down ➘]
椅子を使わない

膝をついて上げる

1秒

3秒

膝を伸ばして下ろす

足を椅子にのせずに床で行えば負荷が下がります。膝を伸ばして下ろし、膝をついて上げる動作を繰り返します。

シーズン2 ｜ エキセントリック・プッシュアップ

できない人は…

テーブルなどの台を利用しましょう。台の近くに立って軽く膝を曲げて行います。上げるときは片足を前につきます。12回丁寧に下ろします。

1 両足をついて3秒で下ろす

3秒

POINT 台に胸がつくまで下ろす

POINT 親指をかける

1秒

2 片足を少し前に出して1秒で上げて足を戻す

負荷の調整法
台から遠くに立つほど負荷が上がり、近くに立つほど負荷が下がります。遠くに立つ場合は、膝を伸ばします。

遠いほど負荷大

シーズン2 腹筋① ハイスピード・ニーアップ・クランチ

「15秒目いっぱい＋5秒休憩」×3回

「15秒目いっぱい＋5秒休憩」×3回と、時間を区切ってリズミカルにたくさん「クランチ」（腹筋運動）を行います。主にみぞおちから上を「キュッ」と丸め上げる動きですが、上げた膝を抱え込むときにお尻を少し上げることで腹直筋を上部から下部まで満遍なく鍛えられます。ペース配分しないで「キュッ、キュッ」と声に出しながら、毎回全力で高く丸め上げていきましょう。

ここが鍛えられる！

腹筋（腹直筋）を刺激し、最高の腹筋を手に入れる。主に鍛えられるのは腹直筋の上部ですが、下部にも効果があります。

腹直筋

1　15秒間テンポよく、1秒に1回くらいのペースで毎回できるだけ高く上げる

①キュッと力を込めて高く上げ切る

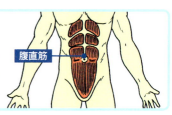

POINT　膝を引きつける
膝を引きつけることでお尻も上がる

POINT　キュッと上げ切る
「キュッ」と声に出して目いっぱい高く上げ切る

POINT　首からみぞおちまで丸め上げる
上から順におへそを覗くように丸め上げる

谷本's POINT 筋　強く上げ切って力を込めるテクニックを「ピークコントラクション」といいます。

シーズン2 | ハイスピード・ニーアップ・クランチ

②やや丁寧に下ろす

POINT 手は耳の横に添える
手は首を軽く支えるのみ

POINT 引きつけた膝を戻す

POINT 頭と肩はつかない
深く下ろすことは大事だが下ろし切って力を抜かない

2 5秒の休憩をはさんで15秒目いっぱいをあと2回

5秒休み

再び15秒繰り返す

谷本's POINT 筋　痛みに不安がある場合には、ゆっくりめに行ってください。

ストレッチ

腹筋はしっかり追い込むとその後つりやすくなる。じっくり10〜15秒背中を反らせて伸ばしておこう。

81

NG

膝の位置が固定されている

動いていない

みぞおちから上体を丸め上げるだけでなく、少しお尻も上げること。膝を胸側に引きつけて戻す動きも、しっかり行います。

回数を求める

小さく速くは✕

1,2,3,4…

リズミカルに素早く動作しますが、高回数を目指して上げ方が不十分になったり下ろす動作が雑になったりするのは✕。毎回「キュッ」と声に出しながらしっかり高く「上げ切る」ことを重視しましょう。

腕で勢いをつける

手は耳に添える程度にします。後頭部で手を組んでも良いのですが、その手で首を曲げて勢いをつけるのは✕。腹筋から負荷が逃げてしまいますし、首を痛めることにもなります。肘を開いて閉じる動きで勢いをつけて首を曲げてはいけません。動きが速くなると無意識でやってしまうので、要注意です。

負荷の調整法

手の位置で負荷が変わる

負荷は丸め上げ切る高さと、手の位置で調整します。手を胸につければ負荷は少し下がり、手を頭上で遠くに上げるほど負荷が上がります。

[強度up⬆]

[強度down⬇]

シーズン2　ハイスピード・ニーアップ・クランチ

できない人は…

上体とお尻の上げ具合、手の位置で調整します。上げられる範囲で行えば結構です。ただし、できる範囲でしっかり上げ切ることを忘れずに。どうしても上がらない場合は手で補助しても良いでしょう。

「15秒間目いっぱい＋5秒休憩」×3

①キュッと力を込めて高く上げ切る

POINT キュッと高く上げ切る

POINT 膝を引き付ける

②やや丁寧に下ろす

負荷の調整法

[強度down ↘]

どうしても上げられない場合は、手で腿裏をつかんで補助しても良い。ただし手に頼り切らず、極力腹筋の力で上げるように。

シーズン2 腹筋②

丁寧に12回じっくり下ろす

ニーレイズ＆ストレート・レッグダウン

「キュッ」と力を込めて膝をできるだけ高く上げ切り、「アー」と声を出しながらじっくりと丁寧に足を下ろす動作を繰り返します。主に、腹筋の下部に効く種目です。下ろす動作は上げる動作よりも2〜3割筋力が強いという特徴を活かして、下ろすときにはしっかり膝を伸ばして行うことで、より大きな負荷をかけていきましょう。

ここが鍛えられる！

腹筋（腹直筋）を刺激し、最高の腹筋を手に入れる。主に腹直筋の下部に効きます。下腹の深いところの筋肉（腸腰筋）や太腿の筋肉（大腿直筋）にも効果があります。

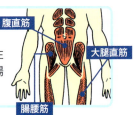

腹直筋 / 大腿直筋 / 腸腰筋

毎回目いっぱいキュッと上げ切り、足を伸ばしてじっくり下ろす （丁寧に12回）

① 1秒でキュッと目いっぱい上げる

POINT 胸も前に出す
膝を上げつつ少し胸も前に出す

1秒

POINT 膝を曲げながら上げる

POINT 椅子の後ろを持つ
上体を安定させるため椅子の後ろをつかむ。ソファーで行う場合は手を前について体を支える

キュッ

POINT キュッと上げ切る
「キュッ」と声に出して目いっぱい膝を高く上げ切る

シーズン2 | ニーレイズ＆ストレート・レッグダウン

② 1秒で膝を伸ばして1秒で丁寧に下ろす

1秒

POINT
椅子の前の方に座る
浅く座って腿を座面にのせない

POINT
膝を伸ばしてから
膝を高く上げた位置で
膝を伸ばして「から」下ろす

1秒

POINT
下ろし切らない
足は床につけないが
スレスレまで下ろす

POINT
アーと言いながら
じっくり下ろす
足の重みを筋肉で受け止める

 強く上げ切って力を込めるテクニックを「ピークコントラクション」といいます。

ストレッチ

腹筋はしっかり追い込むとその後つりやすくなる。じっくり10〜15秒背中を反らせて伸ばしておこう。

85

NG

膝を伸ばしながら下ろす

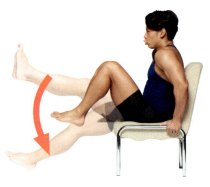

足を伸ばしてから下ろすことに意義があります。伸ばしながら下ろすと動作の前半の負荷が小さくなってしまうため、上でしっかりと「足を伸ばし切ってから下ろす」こと。

下ろした足が床まで遠い

床スレスレまでしっかり下ろします。深く下ろすと腹筋がよく伸びて筋肉への刺激が高まります。筋肉痛の程度も強くなります。また動作範囲が広がって運動量が増えます。

深く座る

深く座ると腿が座面にのり、足の重りの負荷が抜けてしまいます。お尻だけのせて腿は座面の外に出すこと。

負荷の調整法

ボールなどで負荷を上げてもOK

[強度up ↑]

しっかり丁寧に行っても負荷が足りない人は、ボールなどを足にはさんで重りを追加しましょう。ただし、大きな負荷を無理に反動を使って上げて腰を痛めないように。「しっかり丁寧なフォームを守ったうえ」で負荷を上げていくことです。

できない人は…

足の上げ具合で調整しましょう。できる範囲で足を上げ切り、しっかり足を伸ばしてから下ろします。

毎回目いっぱいキュッと上げ切り、足を伸ばしてじっくり下ろす （丁寧に12回）

① 1秒でキュッと目いっぱい上げる

POINT できる高さまでしっかりと上げる

② 1秒で足を伸ばして1秒で丁寧に下ろす

POINT 膝を伸ばしてから下ろす

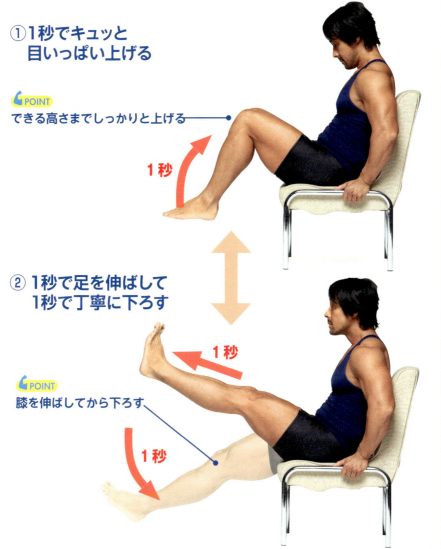

シーズン2 スクワット①	限界まで10～20回＋膝を押して3回程度

フルボトム・スケーター・片足スクワット

片足を斜め後ろに引いて行う片足スクワット。お尻によく効く種目です。上体を大きく前傾しながら腿と胸がつくまで深く下ろしましょう。反復できなくなるまで行ったら、手で膝を押して補助しながら、さらに3回程度繰り返して追い込み切ります。

ここが鍛えられる！

前腿（大腿四頭筋）とお尻（大殿筋）を中心に下半身全体を鍛えます。

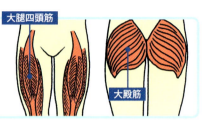

大腿四頭筋／大殿筋

1 片足を後ろに引き、"限界まで"反復
（10～20回が目安）

① 1秒で片足を後ろに引いて深くしゃがむ

POINT 胸を腿（膝）につける
前傾しながら深くしゃがむ

POINT 背すじは伸ばす
背中は丸めずに

POINT 膝を横に開いて引く
横に逃がすことで床に膝がぶつかることなく深くしゃがめる

POINT 前の足だけに荷重
後ろの足は床に触れるくらいに

1秒

シーズン2 | フルボトム・スケーター・片足スクワット

② 1秒で背すじを伸ばして立つ

1秒

POINT
手は腰に置く
腕を横に広げることで
バランスがとれる

POINT
足首が硬い人は古雑誌等を
足首が硬い人は無理せず、
かかとに古雑誌などを敷く

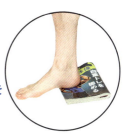

2 膝を押しながら さらに繰り返す
（3回程度が目安）

1秒 1秒

POINT
手で膝を軽く押して立つ
ただし、しゃがむときは
手を添えるだけで補助はしない

左右交互ではなく片側を連続で
行う。反対の足も同様に。

谷本's POINT 筋

速いテンポがやりにくい場合は、少しゆっくりめで
行っても良い。

89

NG

後ろの足に荷重

後ろの足はバランスをとるために軽く床に触れるだけにとどめます。

しゃがみが浅い

片足でもしっかり深く、目いっぱいしゃがみます。自重なら深く下ろしても腰を痛めるリスクは少ないです。

背中を丸める

背中を丸めずに背すじを伸ばし、股関節の動作で上体を倒します。

負荷の調整法

[強度down ➡]
膝を押す

最初から膝を押せば負荷が下がります。筋力に合わせて手の補助の強弱をつけてください。ただし補助に甘えすぎないように。下ろすときは極力補助なしで。

できない人は…

テーブルなどに手を置いて負荷を下げます。ただし、下ろすときは手を添えるだけにしましょう。

1 まずは机を軽く押すくらいで限界まで反復（10～20回が目安）

POINT 上げるときに軽く押す・下ろすときは添えるだけ

2 机にやや体重をかけてさらに繰り返す
（3回程度が目安）

POINT 机に体重をかけて手で強めに押す
ただし極力自力で上げるように

シーズン2 スクワット②

30秒全力→10秒休憩→20秒全力

ハイスピード・ノンロック・スクワット

「30秒全力+10秒休憩+20秒全力」と、時間を区切って速く高回数行うスクワットです。立ち上がり切って休まずひたすら動きを繰り返します。筋肉に効かせるためにも、怪我の防止のためにも、下ろす動作はやや丁寧に行いましょう。

ここが鍛えられる！

前腿（大腿四頭筋）とお尻（大殿筋）を中心に下半身全体を鍛えます。

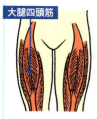
大腿四頭筋

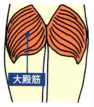
大殿筋

1 まず30秒でできるだけ速く

POINT 背すじを伸ばす
腰が丸まってしまう人やお腹が腿にあたってしまう人は、つま先と膝をやや開くと良い

やや開く

POINT しゃがみ切る手前まで深く

POINT 立ち上がり切らない

92

シーズン2　│　ハイスピード・ノンロック・スクワット

② 立位で10秒休憩

直前の30秒で全力を出していれば「世界一短い10秒」に感じるはずです。

③ さらに20秒できるだけ速く

POINT
下ろすときはやや丁寧に
落下を筋肉で受け止めるように

POINT
足首が硬い人は古雑誌等を

立ち上がり切って休まずに動作を繰り返すテクニックを「ノンロック」といいます。

NG

ストンとお尻を落とす

ストンとお尻を落として弾ませないように。やや丁寧に負荷を筋肉で受け止めながら、しゃがみ切る直前まで腰を下ろします。

上体を倒したまま立つ

上体を倒したまま立つのは×。上下動の動きがそれだけ小さくなってしまいます。立ったときは上体を起こすこと。

上体が立ったまましゃがむ

上体を前傾してお尻を引きながらしゃがむことで、腿とお尻にしっかり負荷がかかります。膝も痛めにくくなります。スクワットでは「膝を前に出さない」とよく言われますが、上体を前傾すれば膝は自然と下がります。

腰が丸まる

腰が丸まると、腰を曲げた分だけ股関節の動きが小さくなり、下半身の筋トレ効果が減ってしまいます。股関節が硬い人やお腹が腿にあたる人は、膝をやや開くと良いでしょう。

シーズン2 | ハイスピード・ノンロック・スクワット

できない人は…

毎回、膝を伸ばして立ち上がり切ります。休み休み行うのも良いでしょう。

30秒全力
↓
10秒休憩
↓
20秒全力

> きつければ1〜2秒の休みを入れながらでも良いので時間内は目いっぱいで繰り返す。

POINT
膝を伸ばす
毎回立ち上がり切る

負荷の調整法

[強度down ⬇]

テーブルなどについた手に、体重をかけて強く押すほど負荷が小さくなる。できる範囲で、手の補助は小さめに。しゃがむときは、極力手に体重をのせず自力で動くように。

シーズン2 背筋①

全力で4往復×3回

マニュアルレジスタンス・ロウローイング

片足にかけたタオルを手で持ち、足で加える抵抗に対して全力で引き寄せます。続いて、足で加える抵抗に対して全力で耐えながら戻します。引く動作よりも耐えながら戻す動作の方が2〜3割ほど力は強いため、手を前に戻すときこそ足で強い抵抗をかけましょう。

ここが鍛えられる！

背面を鍛えて、語れる背中を作る。背中（広背筋）を中心に、肩（三角筋・僧帽筋）、腕（上腕二頭筋）などに効果があります。

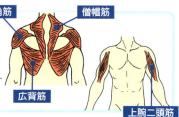

足で抵抗をかけながら全力で引いて全力で耐えながら戻す （12往復）

①足の抵抗に対して2秒で全力で引く

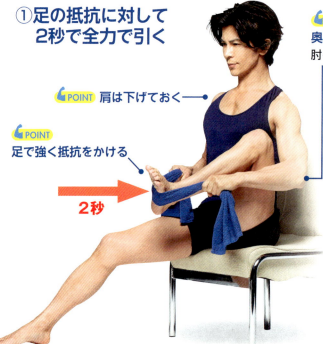

POINT 肩は下げておく

POINT 足で強く抵抗をかける

2秒

POINT 奥まで引き切る
肘を背中の後ろまで引く

POINT 胸をはりながら肩を引く
肩甲骨を寄せる動きを使って、背中の筋肉が収縮し切るのを感じよう

シーズン2 | マニュアルレジスタンス・ロウローイング

② 足の抵抗に対して2秒で全力で耐えながら戻す

POINT
足で強く抵抗をかける
戻すときこそしっかり強く抵抗をかける

2秒

POINT
背中を丸めながら肩を出す
肩甲骨を広げる動きを使って、背中の筋肉がストレッチされるのを感じよう

 谷本's POINT 耐えながら戻す動作の方が引く動作よりも筋力が強い。そこにしっかり足で負荷をかけられるのがこの種目のメリットです。

4回ごとに抵抗をかける足を入れ替える

※左右の足の回数は一致しませんが、足は抵抗をかける側なので回数の違いは気にしないでください。途中小休止を入れたい意味もあり、4回ごとに足をかえています。

POINT
素早く足を入れ替える
2秒ほどで速やかに

NG

膝を横によけない　　　　肩が上がる

膝をまっすぐ引くと胸にあたるため深く肘を引けなくなります。膝は横に逃がすように。

腕を曲げる力ばかりで引くと肩が上がりがち。肩を落として、肘を後方に引く動きを意識しましょう。

背骨・肩が動かない

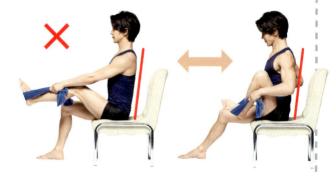

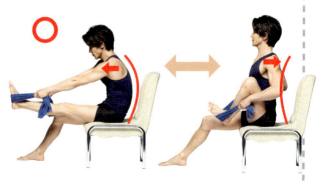

背骨と肩（肩甲骨）の動きを使わないと、腕の力ばかりで引くことに。背骨の曲げ伸ばしに合わせて肩を出し引きする動きで「背中の筋肉が強く伸ばされて収縮し切る」感覚がわかれば、筋トレ中級以上です。

シーズン2 | マニュアルレジスタンス・ロウローイング

できない人は…

この種目では負荷の大きさは自分次第。なので、やり方は同じです。筋力が弱い方でも毎回全力で取り組むことが大事です。

足で抵抗をかけながら全力で引いて全力で耐えながら戻す（12往復）

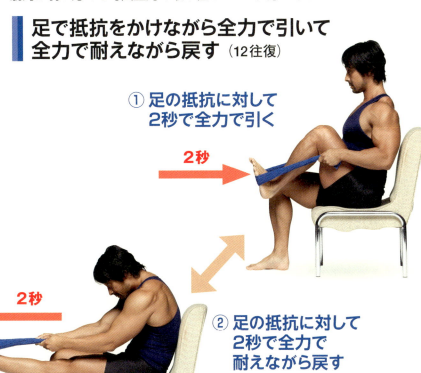

① 足の抵抗に対して2秒で全力で引く

2秒

② 足の抵抗に対して2秒で全力で耐えながら戻す

2秒

4回ごとに抵抗をかける足を入れ替える

99

シーズン2 背筋② ハイスピード・スーパーマン

「15秒目いっぱい＋5秒休憩」×3回

「15秒間スーパーマン（両手両足を床から上げる動き）＋5秒休憩」を3回繰り返します。テンポよく高回数行いましょう。ペース配分はしないで「キュッ、キュッ」と声に出しながら、毎回できるだけ高く上げていきます。また、手は真上ではなく横に広げて上げるのも、重要なポイントです。

ここが鍛えられる！

背面全体を鍛えて、語れる背中を作る。背中（脊柱起立筋・広背筋・僧帽筋）を中心に、肩（三角筋）、お尻（大殿筋）、腿裏（ハムストリング）など背面全体に効果があります。

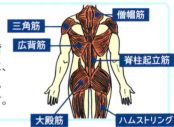

1. 15秒間、1秒に1回くらいのペースで毎回できるだけ高く

①キュッと力を込めて高く上げ切る

POINT キュッと声を出す
「キュッ」と声に出して目いっぱい高く上げ切る

POINT 手を横に開く
横に開いて腕を上げることで肩甲骨が寄り、体幹が反りやすくなる

POINT 足も上げる

② やや丁寧に下ろす

POINT
手と足はつかない
下ろし切って力を抜かない

強く上げ切って力を込めるテクニックを「ピークコントラクション」といいます。

2 5秒の休憩をはさんで15秒間、目いっぱいをあと2回

痛みに不安がある場合には、ゆっくりめに行ってください。

NG

回数を求める

リズミカルに素早く動作しますが、回数を増やすことを目指さないこと。上げ方が不十分になったり下ろす動作が雑になったりしては、本末転倒。毎回「キュッ」と声に出しながらしっかり「高く上げ切る」ことを重視しましょう。

小さく速くは✕

手を真上に上げる

手を真上に伸ばす方法もありますが、肩甲骨周辺の筋肉にも効かせるために、横に開いて肘を上げます。こうすると、背骨も反りやすくなります。

《 腰に優しい方法 》

谷本's POINT 筋

背骨周りはデリケートな部位なので、痛みのない範囲で行うこと。反る動きで痛みが出る場合は、椅子に座布団を置き、背中を丸めた状態から手足を水平くらいまで上げる動きを繰り返しましょう。なお、この方法で目いっぱい反る方法もアレンジの1つです。

シーズン2 | ハイスピード・スーパーマン

できない人は…

上体の反らせ具合とスピード、手の位置を下げて調整します。休み休み行っても構いません。ただし、できる範囲でしっかりと上げ切ることを忘れないでください。

15秒間目いっぱい＋5秒休憩（×3回）

①キュッと力を込めて高く上げ切る

POINT　外にひねって上げる
手を上げることで肩甲骨が寄り背すじを反らせやすくなる。このとき、腕を外にひねって手の平を外に向けながら上げると、より肩甲骨が寄りやすくなる

②やや丁寧に下ろす

Interview | Taijiro Shimada

筋肉アシスタント ④
嶋田泰次郎さん
インタビュー

1976年生。表参道パトリア歯科医院長、歯科医師。大手歯科医院に勤務した後、2006年に表参道に現在の歯科医院を開業。歯科医院のサイトにあげた、タンクトップで治療する画像が話題になり、「マッチョな歯科医」としてメディア出演多数。

私の筋肉ヒストリー

1990年4月13日。当時、僕は中学3年生でした。この日、東京ドームで行われた日米レスリングサミットを観に行き、そこで見たあるアメリカのプロレスラーに稲妻が走りました。「彼みたいになりて〜！」と（笑）。

その頃は身長が約170cm、体重も60kg台前半の普通体型でした。その後、ラグビー部に入部。ちょうど部室の前にさびれたベンチプレス台が置いてあったんですが、仲間内で「誰が最初に100kgを挙げるか」を競争し始めました。そこからはベンチプレスに明け暮れる日々。僕は最初60kgも挙がらなかったですが、続けていくうちに高2で100kg、高3で120kgを挙げました。

30歳まではただひたすらベンチプレスだけをやっていたので、胸だけがどんどん発達していきました。そんなときに、ジムでアメリカのプロボディビルダーのトレーニングDVDを見つけました。興味はあるけど買うのが恥ずかしくって、買う決断をするまでに何週間もかかりました。今までトレーニングの知識がなく、そのDVDで初めて「分割法」も知るほどでしたが、そこから全身を鍛えはじめ、今のボディビルに繋がっています。

そして2010年。「東京オープン選手権大会 70kg級」で、大会初出場ながら優勝しました。だけど、その年に結婚し、子どもが生まれたこともあり、家族との時間を優先するためにボディビルから退くことに。とはいえ大会は、ステージに立って脚光を浴び、自分を表現できる場。恥ずかしいけど、快感なんですよね。それで3年後に再び大会に出場し、結果は3位。悔しいので翌年も出場し、今度は2位。ならば1位をと、さらに次の年も出場するもやっぱり2位。どうしようか悩んだ末の4度目の正直でやっと優勝することができました。

最近は年齢もあり"筋肉の曲がり角"にきているので、大会のことはあまり考えていませんが、トレーニングは続けています。習慣を超えて、筋肉がアイデンティティになっています。だから、筋トレを断ち切ることはできません！

Interview | Taijiro Shimada

Q1 自分のなかで好きな筋肉は どこですか?

胸、具体的には大胸筋の上部と中部です。胸板の厚さは男らしさをアピールできるものだと思っています。最近は背中を頑張って鍛えているのですが、うまく発達してくれません。僕の背中は結構わがままなんですよ。

Q2 ご自身のトレーニングメニューと トレーニングの際に 意識していることは?

メニューとしては、大胸筋のトレーニングの場合、まずインクライン・ダンベルプレス、その後にフラット・ダンベルフライ。どちらも回数は1セット10回を3〜4セットです。それが終わったら、インクライン・チェストを15回できる重さで3セット。続いて、ペックフライを15〜20回を3セット。最後にケーブルフライを3セット。これらを1時間程度、仕事終わりに週4〜5回、ジムでサクッとやって帰ります。

40代になってからは、体のケアにも注力するようになりました。お風呂上がりには、毎日30分ほどストレッチしています。

Q3 筋肉を鍛えてよかった と思うことは?

僕の本業は歯科医。病院のホームページにタンクトップ姿の治療風景をアップしたら、それがネットで話題になり、テレビにまで紹介されるほどに。おかげで歯科医院の知名度はグッと上がりました。そのときは、筋肉を鍛えておいてよかったなと思いました。

あとは、街を歩いていると「うわー! あの人、筋肉すげー!」と言われるのが気持ちいいですね。ただ最近はマッチョが増えてきているので、昔に比べてだいぶ言われなくなり、寂しいです(笑)。

Interview | Taijiro Shimada

Q4 「みんなで筋肉体操」のオファーが来たときにどう思いましたか？

　最初は歯科医院に電話がありました。取り次いでもらったときにまず思ったのが「あれ？　僕、先月の受信料払ったよな？」。そうしたら「受信料の催促」ではなく、『『みんなで筋肉体操』第２弾の出演オファー」でした。以前、ジムの更衣室内にあるテレビで、たまたま再放送されていた番組を見ていたので、「あれか！」と思いました。

　ちょうど収録日が世界選手権出場の１週間後だったので、体は仕上がっている状況。これはもうぜひ出たいと思い、ほぼ二つ返事でOKを出しました。

Q5 「みんなで筋肉体操」でおすすめの体操は？

　一番やりやすいのは、腕立て伏せではないでしょうか。できなかったら膝をついて大丈夫ですし。膝をついた腕立て伏せでも、腕や胸、肩など大きい筋肉を鍛えられますからね。あとはスクワットもおすすめです。テーブルを使わない、使うバージョンどちらでもOKです。

Q6 「みんなで筋肉体操」の反響を教えてください

　歯科医院に来るご年配の患者さんからも「見たよ！」と言ってもらえて、年齢関係なく多くの方に見てもらえているんだなと感じました。また「トレーニングがキツくてできない」という声もいただき、僕が出演した「できない人のためのトレーニング」は大事だと感じました。個人的には、武田真治さんたち３人と一緒にメインに立ちたかったですが（笑）。

Q7 （最後に）視聴者や読者の方にひとことお願いします

　虫歯になりたくなければ、ちゃんとした磨き方で歯を磨き続けること。とても簡単です。でも、トレーニングには明確なものがありません。憧れの人と同じメニューをやっても、自分の体質などによって効果は異なります。

　自分なりのやり方を模索していくのがトレーニング。これは仕事や勉強、子育てなどにも言えると思います。つまり、トレーニングは人生と同じです。

　歯のケアと筋トレに共通するのは、継続しなくてはならないこと。あきらめずにやっていきましょう！

筋肉体操 +α

　筋肉体操は、全身を鍛える4パターンの筋トレで構成しています。これだけでも、ほぼ全身の主要な筋肉を鍛えることができます。

　ただし、それで完璧とは言えない部分ももちろんあります。5分×4回という時間の制約もありますし、自宅のテレビの前での自重トレーニングのみという制約もあります。

　ここでは、それらの不足分を補える、+αの種目を紹介します。

懸垂

　広背筋などの背中の筋肉は「引く動作」で鍛えますが、自重の負荷で引く運動を自宅で行うのは困難です。筋肉体操ではマニュアルレジスタンス（徒手抵抗）という方法を用いていますが、自重負荷の方法もできれば理想です。

　公園に行けば、鉄棒などぶら下がれるところが結構あります。公園に行くと、懸垂ができる場所をつい探してしまうのは、筋トレ実践者「あるある」です。

ハムストリングの種目

　スクワットは下半身全体を鍛えられる非常に有効な種目ですが、腿裏のハムストリングへの刺激は弱めです。ハムストリングは、走る動作に重要な筋肉でスポーツにはとても重要です。きれいな脚のラインにも強く関わる部位です。

ふくらはぎの種目

　ふくらはぎの種目は、筋肉体操では設定していません。ふくらはぎの筋肉をしっかり鍛えると、男性なら短パンが似合うし、女性もある程度しっかりと筋肉のついたふくらはぎは魅力的です。加齢により、歩行時のふくらはぎの発揮筋力は低下します。ロコモ対策としても重要な部位です。

1 懸垂

懸垂はV字の背中への近道。力こぶの上腕二頭筋にも効きます。動きのコツは、肘を曲げるより肘を引くイメージで動作すること。背中の広背筋に効かせやすくなります。通常の懸垂が難しければ、飛びついてからじっくり下ろす動作から始めると良いでしょう。また、斜め懸垂もオススメです。公園などにはぶら下がれる棒がたくさんあります。

▶ ノーマルプルアップ　棒にぶら下がって懸垂

10〜20回が目安

① 1秒で体を上げる

② 2秒で丁寧に下ろす

POINT 肘を引くイメージで棒を引く

POINT 背中を反らせる
広背筋をしっかり使うと背中は反る

POINT 腕が伸びるまでしっかりおろす

POINT 絶対ストンとおろさない

数回しかできない場合は、途中から109ページに示す「エキセントリックプルアップ」に変えて反復を続けます。

順手（プルアップ）

逆手（チンアップ）

手は順手（左）が一般的ですが、逆手（右）でも良いです。効く部位が少し変わるので、どちらもやってみましょう。英語では順手の懸垂をプルアップ、逆手をチンアップといいます。

飛びつきエキセントリックプルアップ

10回程度が目安

飛びついて上がる

3秒でじっくり下ろす

ノーマルプルアップできつい人は、上がる動作は飛びついて（もしくは台に足を置いて）行い、下ろす動作を自力でしっかり行います。下ろすときは3秒ほどかけてじっくり丁寧に下ろします。もちろん、上げる動作も可能な限り自力を心がけましょう。筋力に合わせて飛びつき具合を加減します。

インバーテッドローイング

10〜20回が目安

1秒

2秒

斜め懸垂の動きにすると負荷がさらに下がります。ポイントは「胸がバーに触れるまで上げ切る」ことと「腕が伸びるまで下ろす」こと。遠くに足をついて体を寝かすほど負荷が上がり、近くに足をついて体が起きるほど負荷が下がります。

2 ハムストリングの種目

昨 今話題の「美尻トレ」の代表的な種目に、寝転んでお尻を上げる「ヒップリフト」があります。実はこれは腿裏のハムストリングが鍛えられる美脚の筋トレにもなる種目です。膝を伸ばして行うほどハムストリングに効きます。お尻を高く上げようとして、腰を反らさないのがポイントです。

▶ ノンロックハムストリングヒップリフト

10〜20回が目安

膝を伸ばし気味で椅子に足を置き、お尻を上げて下ろす

① 1秒で「キュー」とお尻を高く上げる

POINT 上では腰を反らさない むしろやや丸める

POINT キュー と声を出して上げ切る

キュー / 1秒

② 2秒で丁寧にお尻を床につく手前まで下ろす

POINT 膝はできる範囲で曲げを小さく

2秒

POINT 下では腰を反らせる

POINT お尻はぎりぎり床につけない

NG 腰の動きが逆

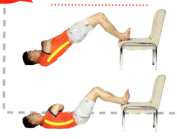

上で腰を反らせる。また、下で腰を丸めるとそのぶん股関節の動きが小さくなる。

負荷の調整法

膝を曲げるほど負荷(小)
伸ばすほど負荷(大)

⬇

手を横に下ろして床を押しても負荷は下がります。

3 ふくらはぎの種目

つま先立ちで背伸びをするカーフレイズを、床ではなく段差を使って行うと、ふくらはぎの動作範囲が格段に広がります。しっかり深く下ろしてフルストレッチさせることで筋肉痛の刺激を強く加えられます。上げるときには目いっぱい上げ切ります。また、体重を親指側にのせると負荷が上がります。玄関の段差で「玄関あけたら5秒でカーフレイズ」を習慣にしてみましょう。

フルレンジカーフレイズ

10〜20回が目安

段差で背伸びの運動を繰り返す

① 1秒で目いっぱい高く背伸び

POINT 手は壁においてバランスをとる

POINT 親指側に体重を載せる

1秒

② 2秒で丁寧に深くかかとを下ろす

POINT 膝は絶対に曲げない

POINT 深く下ろしきる

2秒

体重ののせ方

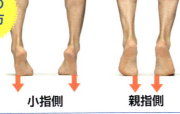

小指側 　 親指側

テコの長さの関係から、体重を小指側にのせたほうが楽で、親指側にのせるときつくなる。そのため負荷を下げたい人は小指側にのせても良い。また、上がらなくなったら親指側から小指側にのせ替えてさらに数回追い込む方法も有効です。

谷本's POINT 筋

リズミカルな動作（1秒に1回くらい）で、短い休みをいれながら1分間ほど続ける方法もオススメです。

COLUMN 01 by Tanimoto

筋肉は裏切らない？
いえ、筋肉は裏切りますよ やり方次第です

「筋肉は裏切らない」

いいセリフですよね。筋肉体操の運動中のセリフやメニューは筋肉指導の谷本担当ですが、実はこのセリフは担当ディレクターの勝目さんの発案です。

正直、「責任の重い言葉を押し付けられた」と思っています（苦笑）。なぜなら、このセリフは安全で効果が高い方法を提案して、はじめて言えるセリフだからです。「筋肉が裏切らない」かどうかは、やり方次第。「努力は必ず報われる」とは限りません。

例えば、重さにこだわって、高重量の割には筋肉に効かない方法では、怪我のリスクばかりが上がってしまいます。恥ずかしながら、自分もこの失敗を犯してきました。

100kgよりも140kgを挙げた方が気持ちいいですからね。おかげで今では体がボロボロ。後悔しかありません。

やや軽めの負荷でも筋肉にしっかり負荷をかけられる方法はあります。動作範囲を目いっぱい大きくとる、など筋肉体操ではさまざまなテクニックでそれを実現しています。

25年前の自分に教えてあげたいです。そのころに筋肉体操があれば……。今も空手の試合に出られていたかもしれません。

また、効果があまり高くない筋トレ法も残念ながらあります。流行りの方法や最新とされる方法が効果的とは限りません。トップアスリートが行っているから優れている、とも必ずしも言えません。

筋肉体操では、「最短で最大の効果を安全に達成できる」方法を目指し、裏切らない筋トレ法を提案していきたいと考えています。

COLUMN 02 by Tanimoto

筋肉体操の声がけはリズムネタ
メトロノームに合わせて「きつくても・ツラくない」

「あ と5秒しかできません！」「出し切らないと後悔する」「きつくてもツラくない」など、筋肉体操では前向きに取り組める声がけを入れています。これらは、私が普段筋トレをしているときに感じることを、そのままセリフにしたものです。それを皆さんが筋肉体操を実践しているときに、うまく伝えていく工夫をしています。

そこで特にこだわっているのが、「リズム」です。

実は、実技の収録では、現場でメトロノームを鳴らしています（耳を澄ますと聞こえるかも）。1秒1回のテンポに合わせて、一言ずつ入れていくのです。そこに休符を入れたり、ときにテンポで区切らずに話したり、などのアレンジを加えて聞きやすくしています。

こうすると動きを邪魔せず、すんなりとセリフが入っていくだろう、という意図です。人はリズムが好きですからね。

私の1歳の娘も、好きな曲で踊りだします。原始的というか、本能的に人はリズムに動かされるところがあるのでしょう。

筋肉体操の声がけは、人間の本能に働きかけています（笑）。お笑いでもリズムネタはウケますよね。私の声がけも一種のリズムネタ、と思ってセリフを作っています。

1回3秒のセリフは「胸を・つけて・上げる」などワルツで、4秒のセリフは「上げる・キュー・じっくり・下ろす」など4拍子で、楽譜を書くようなイメージでセリフを作ります。BGMもワルツの曲、4拍子の曲の使い分けを制作段階では提案していました。

DVDを再生していただいたら、「セリフのテンポに乗せられて、気づいたら体が動いてしまっていた」となることを期待しています（笑）。そこまでの力があるかはわかりませんが……。

113

Michiya Tanimoto

筋肉指導

谷本道哉先生

重さは手段であって目的ではない 「俺だけは大丈夫理論」は通じない

20kgプレートしか使わない、という愚行

筋トレを始めるとどんどん重たい重量を上げられるようになります。そしてそれが楽しくなります。僕もそうでした。

するといつしか、重さが筋トレの目的になってきます。重さは筋トレの手段であって目的ではありません。筋トレの目的は筋肉を大きく強くする刺激を与えることです。

重さにこだわると、だんだん上げるのが「上手く」なります。同じ筋力でもより重いものが上げられるようになるのです。つまりそれは、重いものを持っている割には筋肉への刺激が大きくならないということです。また、動きにごまかしも入ってきます。

僕が重さにこだわっている頃は、「一番大きな20kgプレートしか使わない」という、自分だけの「男らしい（？）」ルールがありました。

114

ベンチプレス140kg、アームカール60kg、バックプレス100kg。ブリッジを使ったり、反動を使ったりもしていました。筋トレの効果はもちろんありますが、それ以上に怪我のリスクの上がる方法でした。

「関節は10年殺し」

筋肉や骨は新陳代謝が速く、高い回復能力があります。一方、関節は血流に乏しく代謝が遅いため、回復能力が極めて低い。酷使すれば消耗する一方なのですが、厄介なことに相当ひどくなるまで症状が出ません。

高重量で無茶してもそのときは平気ですが、10～15年してから症状が出てきたりします。「関節は10年殺し」なんです。「そのときに痛くなって教えてよ」と思うのですが、意地悪ですよね。

なぜここまで高重量のリスクを訴えるのかというと、僕自身、満身創痍の状態だからです。かつての僕は、先に紹介したように"重いものを上げる"ことにこだわっていました。すると30代中盤くらいから無理が生じ、現在は肩が痛くてボールを投げられないほどで、腰も悪くしてしまいました。

「関節は10年殺し」は、まさに僕自身が実感していることでもあります。

「俺だけは大丈夫理論」は通じない

この話をすると、「なんだよ、筋トレの研究者のくせに」と言われたりしますが、全然かまいません。失敗したからこそ言えることがあります。僕を反面教師にしてもらえればと思います。

でも、どれだけこの話をしても重量にこだわり続ける人はいます。「俺だけは大丈夫理論」が発動してしまうからです。現状で痛みがないと実感しにくいのでしょう。経験者なのでその気持ちはよくわかります（笑）。

中には何十年も高重量でトレーニングができている、恐ろしく怪我に強い化け物のような方もいます。遺伝的な違いもあるでしょう。でも今痛くないからといって自分がその化け物かはわかりません。

「やりすぎはダメ」ではなく「やり方がダメ」

僕が伝えたいのは、「筋トレはやりすぎはダメ。程度が大事」という話ではありません。「筋トレのやり方がダメ」ということです。

筋トレは工夫して行えば、用いる重量はそれほど大きくなくても、十分に筋肉に強い刺激を与えられます。やり方次第では自重でもそれは可能です。もちろん上級者であってもそうです。

筋肉体操では、負荷が過大とならず、比較的安全に、効果を上げる刺激を存分に与えられる方法を突き詰めたいと考えています。

みんなで筋肉体操 演出の秘密

「みんなで筋肉体操」はシュールだと評されることもありますが、狙ってそのようにしたわけではありません。番組のコンセプトを追求していったらそうなった、というのが本当のところです。

「みんなの体操」のパロディ

筋肉体操は見て楽しむというよりは「テレビを見ながら一緒に筋トレ」することが第一義。このことを説明抜きで視聴者にわかってもらうためには、歴史ある「みんなの体操」のパロディであることが一瞬でわかるようにすることが最も効果的だと考えました。「みんなの体操」は「テレビを見ながら一緒に体操する」というコンセプトが広く認知されているためです。だから演出は「みんなの体操」を徹底的に真似することにしたのです。

画面から伝わる圧の強さはだいぶ違いますが、番組冒頭に指導役が一言挨拶してからアシスタントの実技に入っていく流れは、「みんなの体操」の演出そのままです。指導以外しゃべらないのも、私たちのオリジナルではなく、「みんなの体操」リスペクト由来。

照明も、筋肉を際立たせるには暗いスタジオにピンスポットを当てる方が効果的ですが、そのようにしなかったのは「みんなの体操感」がなくなってしまうためです。

丸いお立ち台の真実

「みんなで筋肉体操」のセットで特徴的なのが丸いお立ち台です。なぜ、本家「みんなの体操」にはないのにお立ち台を置いたのか？

答えは、「腕立て伏せをキレイに収録するため」です。

COLUMN 03 by NHK Seisakuhan

テレビスタジオのカメラは可動式の台に取り付けられているため、床よりも1メートルほど高い位置からしか撮れません。つまり、床よりも高いところで腕立て伏せをしてもらわないと、真横からの臨場感のある映像を撮ることができないんです。せっかくかさ上げするのなら面白く見えるようにということで円柱の台になりました。

この台はゲームのキャラ選択の場面に見えると面白がられるなど好評だったのですが、もともとは筋トレのフォームをしっかり見せるためのかさ上げが目的で、いわゆる「演出」ではなかったのです。

筋肉を裏切らない

筋肉体操の演出におけるルールを一言で表すと、「筋肉を裏切らない」ということかもしれません。演出が出演者の筋トレを邪魔したり、視聴者の集中力を削いだりするようなことがあれば、「信頼できる筋トレガイド」という番組の価値の源泉を毀損することになります。したがって、いかに面白くても、その演出が筋トレを邪魔するならば決して採用しないことに決めています。

背景のキラキラ、衣装のタンクトップ、円柱のお立ち台。筋肉体操を特徴付けるアイテムは、どれ1つとっても筋トレを邪魔するものではありません。最後に決めゼリフを言ってみたり、全員で頭を下げて礼をしたりしていますが、それらもすべて筋トレのパートが終わった後の演出で、筋トレの邪魔には決してならないようになっています。意外にストイックにルールを守りながら番組を作ってたどり着いたのが、今の筋肉体操のスタイルです。

筋肉Q&A

みんなで筋肉体操や筋トレに関する疑問に筋肉指導の谷本先生がズバッと答えます。

Q みんなで筋肉体操をテレビで見て、一緒にやろうと頑張りましたが、3回もできませんでした。どうしたらいいですか？

A できないことを無理にするより、できることをしっかりと

みんなで筋肉体操は、正直かなり上級者向けです。「3回もできない」ことは、おかしなことではありません。

逆に「意外と簡単にできた」という声も聞きますが、こちらは疑わしいと思っています。ポイントをおさえて適切なフォームで行ったら、そう簡単についてこられるレベルではないからです。

例えば、腕立て伏せなら、腕立て伏せかけになっていたり、腰を反らせてごまかしていたり、となってしまっている可能性が高いです。できているつもりで、できていないわけです。

といってもダメ出しをしているわけではありません。筋肉アシスタントの皆さんも、番組の実演ではかなり苦労しているくらいですから。

筋トレで大切なことは、自分のレベルに合った方法を選んで、それをごまかさずに適切なフォームできちんと限界まで反復することです。

本書では、レベルダウンの方法、またレベルの調整の仕方も詳しく示しています。上級者しかできない方法では困りますから。背伸びをせずに、自分に合ったレベルできっちりと正確な動作を繰り返してください。

他人と競っているわけではありませんから、できないことを無理に行う必要はありません。動きにごまかしが入って筋トレの質を下げていないか、自分でできる適切なレベルを見極めて、しっかり追い込み切ってください。

Q 加齢で落ちやすい筋肉はどこですか？どこを鍛えるべきですか？

 A 腿前・お尻・腸腰筋が加齢で落ちるBIG3

加齢によって筋肉は萎縮しますが、その進行には部位差があります。筋肉が落ちやすい部位と落ちにくい部位があるからです。

加齢で萎縮が強く進む部位の代表として、太腿前の「大腿四頭筋」、お尻の「大殿筋」、下腹の腸の裏側にある足を前に振り出す「腸腰筋」が挙げられます。腿裏の「ハムストリング」や力こぶの「上腕二頭筋」は、加齢でそれほど落ちません。

==体を支える生活機能に直結する重要な筋肉ほど、残念ながら落ちやすいです。==ですから100歳まで元気に過ごしたいなら、このあたりを特に重点的に鍛えておく必要があります。

腿前とお尻にはスクワットが効果的です。腸腰筋には「ノンロック・レッグレイズ」など、レッグレイズ系の種目が有効です。「ブルガリアン・スクワット」なら、前の足は腿前とお尻を、後ろの足は腸腰筋をしっかり鍛えられます。

腸腰筋の萎縮は歩行速度の低下と非常に強く関係します。足の振り出しが弱くなり、歩幅が狭まります。また、振り出しが弱くなると、すり足になってつまずきやすくなります。年を取ると部屋のコードにつまずく、ということが起こってくるのはこのためです。

なお、100歳まで元気で歩けるように「毎日歩く」では、実は十分ではありません。それももちろんとても良いことなのですが、加齢による筋萎縮は老化現象なので、そう簡単に太刀打ちできるものではありません。やはり「しっかり筋トレ」が必要です。筋肉体操をしましょう。

どこの筋肉をつけると見た目がかっこよくなりますか？

お尻は「年齢の出る部位」。もちろん筋トレで変えられます

筋トレの動機として「かっこいい体になりたい」というのがあると思います。どの筋肉も多かれ少なかれ見た目に影響しますが、特に影響の強い部位といえばお尻。

女性の間で注目の「美尻トレ」で鍛えられる、お尻の「大殿筋」はその代表といえます。お尻は男性も無関係ではありません。ジーパンやスラックスの着こなしがずいぶん変わります。

お尻の筋肉は加齢で落ちやすく、シルエットに強く影響する「年齢の出る部位」の代表です。丸みのある「桃」の形から、丸みを失って垂れてくると四角い「ピーマン」に、さらに両頬が削げ落ちてくると「ムンクの叫び」へと変わっていきます。

<mark>スクワットやヒップリフトで鍛えてお尻年齢を若くしましょう。</mark>前傾して行う片脚のスクワット種目はお尻に効きます。お尻の上横の「中殿筋」にも効果大です。お尻の筋肉は体重を支える重要な筋肉でもあるので、しっかり鍛えておきましょう。

上半身では、分厚い胸板を作る「大胸筋」、逆三角形のシルエットを作る「広背筋」や両肩の「三角筋」が男性のかっこいい体の基本となります。女性もメリハリが効くのでかっこよくなります。

見過ごされがちですが、ピシッと良い姿勢をキープできることも見た目のかっこよさにはかなり重要です。しっかり筋肉がついていても猫背の姿勢では良いスタイルに見えません。肩こり・腰痛予防という意味でも大事です。

それから、見た目ももちろん大事ですが、「健康で元気」が一番大事。加齢で衰えやすい筋肉もしっかり鍛えてくださいね。

Q 筋肉痛が激しくて生活に差し支えます。筋肉をつけるためには我慢しなければいけませんか？

A 筋肉痛対策には慣らし運転。「最初は飛ばさない」が鉄則

筋肉は慣れない刺激を受けると翌日に筋肉痛を起こします。運動で筋肉が微細な損傷を受け、そこに生じる炎症反応に時間がかかるため翌日に痛みが出るとされます。これが「筋肉痛」です。

筋肉痛は、ひどい場合には生活に支障をきたすほどの痛みが１週間以上続く場合もあります。

筋トレは特に筋肉痛が起きやすい運動です。筋肉体操で激しい筋肉痛になってしまったという人も多いと思います（すみません）。でもこの痛みは、筋肉をつけるために「耐えなければいけない試練」ではありません。筋肉には筋損傷に対する強い適応性があり、その運動に慣れてくればあまり筋肉痛は起こらなくなるからです。

最初の１〜２週間はあまり張り切らずに余力を持って行い、徐々に筋肉を慣らしていきましょう。多少の痛みは起こりますが、日常生活に差し支える

ほどの激しい筋肉痛は避けることができます。１〜２週間くらいかけて徐々に体を慣らしていきましょう。

最初は「フォームを覚える」ことを目的に、余力を持って行います。ただし、慣れてからはしっかり追い込み切りましょう。

筋トレは「初日は張り切らない」が鉄則です。これは、ゴルフやジョギングなど、他の運動を始める場合も同じです。

また、運動後のケアによって筋肉痛をある程度は軽減できます。運動したあとにストレッチやマッサージを行うと、筋肉が受けた損傷自体は改善できませんが、筋肉がほぐれて若干ラクにはなります。筋肉痛のときに行うストレッチやマッサージにも、多少の痛みの軽減効果が認められています。

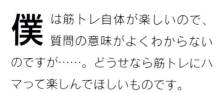

Q 「筋トレをやろう」と思うのですが、楽しくありません。楽しく続けるためのコツなどはありますか？

A 激しいパンプでもなお続けると、その先に快感が待っている

　僕は筋トレ自体が楽しいので、質問の意味がよくわからないのですが……。どうせなら筋トレにハマって楽しんでほしいものです。

　筋トレにハマるポイントに「パンプアップ」があります。パンプアップとは、筋肉に乳酸などの代謝物がたまって、浸透圧の関係から筋肉が水膨れを起こすことをいいます。

　パンプアップが激しく起こることを「超気持ちいい」と表現したのはアーノルド・シュワルツェネッガーです。このパンプアップの気持ちよさで筋トレにハマる人は結構います。

　激しくパンプアップした筋肉は、乳酸で強く酸性に傾いた過酷な状態になっています。このとき、筋肉は「これ以上の運動は厳しい」と発痛物質を出して、脳にSOSの信号を出します。この発痛物質による熱く刺すような痛みを、バーニング（燃える）といいます。

　このSOSを無視してさらに反復を繰り返していくと、脳も快楽へと感じ方を変え、一種の「ランナーズハイ」のような状態になります。その領域に突入できれば筋トレが楽しくなるはずです。

　筋肉体操ならわずか数分でそこにたどり着けます。効率よく激しくパンプアップできる工夫が満載だからです。

　シュワルツェネッガーのもう1つの名言「筋肉がNoと叫んだら、私はYesと答える」は、まさにこの状況といえます。筋肉がNoとSOSを出しているにもかかわらず、お構いなしにYesと筋トレを続ければ、超気持ちいい「ゾーン」に入れるのです。

　「きつくてもツラくない」などのセリフで前向きに煽られながら、ゾーンに入ってください。終わった後の充実感も大きいはずです。

Q 筋トレで筋肉が目に見えてつくまで2〜3か月かかると聞きました。すぐに成果を見たいのですが。

A 筋トレ直後に見る鏡には、3か月後の自分が映っている

筋トレを始めてから、筋肉が大きくなって見た目に変化が出始めるのは1か月後からと言われます。しかし、実際は筋トレを始めたその日から筋肉は増え始めています。見てわかるくらいまでは少し時間がかかるのです。

筋肉体操を真剣に行えば、2〜3か月で明らかな体型の変化を実感できます。「変化を見るまで3か月も待てないよ」と思うかもしれませんが、実は3か月後の変化をすぐに見ることは可能です。それが前で触れたパンプアップです。

筋トレでしっかり追い込めば、筋肉はパンプアップで一時的に水膨れして10％ほど大きくなり、少しいい体になります。筋トレ直後に鏡の前でポーズをとりたくなるのはこのためです。

このパンプアップでのふくらみは、真剣に3か月ほど続けたときの変化量くらいに相当します。つまり「筋トレを続けたときの未来図が見える」わけです。この未来図を励みに、毎日少しずつ筋肉が増えていることを信じて筋トレに取り組んでください。

なお、見た目の変化に比べて筋力の変化は早く起こります。その筋トレの動きが上手になること、筋肉が力を出し切れるようになる（神経活動が高まる）ことから、筋力はどんどん伸びていきます。

日常においても、荷物を軽く持てる、階段をラクに上れるなど筋力が強くなったことを感じられます。最初はそのような変化に成果を感じてください。

筋トレ中の呼吸はどうすればいいですか？

 息止めはNG。呼吸を意識しすぎて動きがおろそかにならないように

呼吸の仕方を気にされる方は多いようですが、呼吸の仕方で筋トレの効果が大きく変わることはありません。息を止めて、ウンといきむと血圧が上がるので、「息は止めない」ことだけを守っていただければまずは結構です。ウーンと力を込めて力むと、呼吸が止まりがちなので注意してください。

一般的なセオリーは、「上げるときに吐く・下ろすときに吸う」というものです。吐くときの方が、腹圧が上がって力を入れやすいからというのがその理由です。

ただし、呼吸を意識しすぎて動きが疎かになるのもいけません。第一は息を止めないということ、余裕があれば「吐いて上げる・吸って下ろす」を実践してください。あくまでも優先すべきは呼吸よりも動作です。

吐く・吸うの両方を意識しなくても「吐いて上げる」だけでも結構です。そうすれば下ろすときは自然に吸いますからね。

もちろん、ハイスピードでテンポよく動作する場合には、このセオリーは該当しません。呼吸数が多すぎて過呼吸になってしまいますし、なにより、呼吸が忙しすぎて動作に集中できません。

なお、筋トレのテクニックとしては、あえて呼吸を止める「バルサルバ手技」というテクニックもあります。血圧は上がりますが、高重量を上げやすく、重いものを上げるときには有効です。ただし「みんなで筋肉体操」は、自重で行うトレーニングですので、この方法は該当しません。

Q 筋トレによる怪我が心配です。筋肉体操は中高年でもできますか？

A 「丁寧に下ろす」こと＋中高年者は「少しゆっくりめ」で

筋肉体操は自重で行いますので、大きな力が筋肉や関節にかかるわけではありません。ただし、テンポよくハイスピードで行う種目は大きな加速を伴うので、その分、かかる力は大きくなります。

特に、切り返しの瞬間は強い負荷が急激にかかります。怪我のリスクがゼロではありませんので注意は必要です。

テンポの速い種目では上げるときは速く行いますが、「下ろす動作はやや丁寧に」としています。これには、筋肉でしっかり負荷を受け止めて筋肥大効果を高めると同時に、切り返しで急激に負荷がかかるのを防ぐ意味もあります。ハイテンポの種目では、回数を稼ぐことよりも「下ろす動作はやや丁寧に」を重視してください。

また、関節などに不安のある場合は、すべての種目を通して、「少しゆっくりめ」に行うことをオススメします。動作がゆっくりになれば、怪我のリスクは下がります。切り返しで反動を強く使うと加速が大きくなるので、切り返しは特に丁寧に行いましょう。

なお、筋トレを行っていて痛みを感じた場合に無理をしたり、我慢してだましだまし続けたりは絶対にしないでください。

痛みの出ないようにスピードを落とすか、何をしても痛む場合はその種目は除外してください。筋トレに限らず、運動では「痛みのあることはしない」のが鉄則です。

ちなみに、「スクワットで膝が痛む」などの場合には、不適当なフォームが原因ということもあります。

筋肉体操はいつやるのがいいですか？

 夕方〜夜が筋力的に理想だが、できるとき、やりたいときでOK

　人間の体内時計のリズムとして、出せる筋力は午前中よりも夕方から夜にかけての方が強い傾向があります。その差はおおむね5〜15%ほどとされます。

　ただし、夜遅くの筋トレは睡眠に良くありません。良質の睡眠には、寝る3時間前くらいまでの運動が良いという報告があります。

　5〜15%の筋力低下はそれなりの違いです。午前中の筋トレではあまり力が出なかったという経験はないでしょうか。そう考えると、「筋肉体操は夕方から夜に行う」が1つの目安になります。

　とはいえ、人によってはライフスタイルの中で実施しやすい時間が朝や昼の場合もあります。その場合は、筋トレする時間を実施しやすい朝や昼の時間に固定すれば体は対応できるようです。朝7時の筋トレを6週間実行したところ、朝と夕方で発揮できる筋力の差がなくなったという研究があります。

　また、日内リズムと筋力の関係には個人差があります。朝に力がみなぎる人もいれば、昼が絶好調だという人もいます。自分が一番頑張れると感じる時間に行うのも良いでしょう。

　いろいろと説明しましたが、何よりも確実に実行できること、無理なく続くことがまず大事です。コンディションの多少の違いよりも、実行できることを優先してください。

　生活のリズムがバラバラなら、できるときにやっていただければ結構です。やろうと思い立ったら1秒後にでも始められるのが筋肉体操。「思い立ったそのときにすぐやる」でいいのです。

Q 小学生の息子も筋肉体操をしています。「子どもの筋トレは成長に悪い」と聞きますが大丈夫でしょうか？

A 筋肉体操で身長が伸びなくなる可能性は、まずありません

負荷の高い運動で背が伸びなくなることはあります。成長軟骨は弱く、強い力が繰り返し加わることで成長障害を生じることがあるからです。例えば、野球選手では少年期の肩障害経験者は平均で約1cm反対腕よりも上腕骨が短いという報告もあります。3cm以上短くなるケースもあります。

ダイナミックなスポーツ動作ではとても強い力が瞬間的に骨にかかるので注意が必要です。ダッシュをすれば体重の3〜5倍の力が片足にかかります。仮に3倍としたら、両足に体重の6倍ですので、体重の5倍の重量を担いでスクワットをすることに相当します。

子どもの場合、ダイナミックな運動は成長障害につながる可能性があるので、痛みがある場合は決して無理をさせないでください。飛ぶ・跳ねる、方向転換をする。また、全身の力を腕の振りに伝える、投げる・打つ、といった動作で負担が大きくなります。

筋肉体操をはじめとする筋トレは、こうしたスポーツ動作に比べると骨にかかる力はそれほど大きくありません。体重分のバーベルを担いだスクワットなら片足にかかる荷重は、（体重の2倍÷2で）体重と同じ。多少切り返しで加速しても体重の1.5倍程度。ダッシュなどのスポーツ動作よりはるかに負担が小さいのです。

筋肉体操のスクワットは自重ですので、さらにその半分。ハイスピードで行う場合でも、片足にかかる荷重は体重の1倍程度です。

早熟で筋肉が小さいころからよくついている子は、成長が早い段階で止まりやすいものです。これが筋トレで背が伸びなくなると言われる理由の1つかもしれません。

筋肉体操さえやっておけば、ジムに行かなくてもムキムキになれますか？

 なれます。ただしジムに行くという選択ももちろんアリです

　これまでにも述べてきたように、自重トレであっても工夫次第でかなりの刺激を筋肉に加えることができます。

　肩の横に手をついて胸をつけるまで下ろす腕立て伏せで、胸が張り裂けるほどの刺激を得られます。背すじを伸ばしたフルボトムの片足のスクワットで腿もお尻もパンパンになるなど、自重でも中～上級レベルに十分対応できます。というよりも、筋肉体操はそのように工夫したメソッドです。

　とはいえ、「ジムの筋トレはいらない」ということではありません。

　ジムでの筋トレには自重トレにはないメリットがあります。

　できる種目が多様で、いろいろな動作に負荷をかけられます。重さの調整も自由自在です。マシンを使えば、初級者でも理想に近い形で動作が行えます。トレーニング仲間ができるというのもメリットでしょう。

　自宅での自重トレと、ジムでのマシンやバーベルを使った筋トレ、どちらにもメリットがあります。上手に利用していただければと思います。

　なお、ジムでの筋トレで気をつけてほしいのが、重さにこだわりすぎないこと。バーベルやマシンでは重さにこだわると反動を使ったり、動作範囲が小さくなったりとフォームが雑になります。そうなると、扱う重量が重い割には筋肉への負荷は大きくなりません。怪我のリスクばかりが増えてしまいます。

Q 筋肉体操をしておけば有酸素運動はしなくてもいいですか？

 A 有酸素運動もした方がもちろん良いです

健康のため、やせるための運動と言えば、筋トレだけでなくランニングやウォーキングなどのいわゆる有酸素運動もあります。

心疾患、脳血管疾患、糖尿病などのメタボ系疾患の予防効果は、筋トレよりも有酸素運動が勝ります。特に動脈硬化の予防、改善には有酸素運動は非常に高い効果があります。

また、脂肪を燃やしてキレイにやせるうえでも有酸素運動は有効です。筋トレにもやせる効果はありますが、運動で消費する脂肪の量は、連続的に長時間運動を行う有酸素運動に分があります。

ですから、できるなら有酸素運動も行う方が良いです。

歩行などの生活活動も一種の有酸素運動です。普段からよく動く、手を振って大股で速く歩くといったことでも意義があります。

有酸素運動を行うことで筋トレ効果がどうなるかが気になる人もいるでしょう。アスリートレベルでは、持久的な運動をみっちり行うと、筋トレの筋肥大効果は実は下がります。ただ、皆さんが行う分には、その影響は気にする必要はないでしょう。

中年以降においては筋肉の成長にも関わるインスリンというホルモンの効果が十分に発揮されにくくなりますが、有酸素運動含め運動全般はこれを改善します。この点ではプラスの効果となります。

筋トレと有酸素運動の行う順番に関しては、検証結果がさまざまで、はっきりとした答えは出ていないこともあり、やりたい順番でやっていただければよいと思います。

「好きなほうを先に」で楽しく実行していきましょう。

COLUMN 04 by Tanimoto

腕立て伏せの手幅ひとつにも計算がある

強い負荷を大きな動作範囲でかけられるフォーム

「筋肉体操」では、生理学、解剖学だけでなく、力学的な要素にも強くこだわっています。例えば、腕立て伏せの手幅ひとつとっても、力学的に考えると効果の出方に違いがあることがわかります。

腕立て伏せでは「手はまっすぐ下向きに押している」と思っている人は多いと思います。でも実際は違います。手幅が広めなら少し外向きに、狭めなら逆に少し内向きに押します。

似た動きをするベンチプレスの場合も同じです。大胸筋の力と、上腕三頭筋の力の両方を存分に使うほうが、強く床を押せるからです。

よく「手幅が広いと大胸筋に、狭いと上腕三頭筋に効く」と言われますが、これは極端に手幅が狭かったり広かったりの場合の話。ある程度の手幅の範囲ではどちらも存分に使う方向に手を押します。

このような力発揮条件をもとに、腕立て伏せを行っている間に筋肉にかかる負荷をシミュレーション計算します。その計算から、肩幅強くらいの狭めの手幅で、動作中に一定の強い負荷が筋肉にかかることが導き出せます。

また、手幅を狭めることは、肘関節、肩関節を大きく曲げて深く下ろすことにもつながります。運動量が増え、筋肉痛も起きやすくなります。手幅が広いと少し下ろしただけで胸がついてしまいます。

なお、手幅とは肩から手の平までの距離です。横幅を狭くとっても、足の方に手の位置が下がれば手幅は広いことになります。手は肩の横に置くようにしてください。

食事編

NO飯, NO筋肉

体づくりには運動だけでなく
食事も重要

　私たちの体は食べたものでできています。大きくかっこよい筋肉も、でっぷりついてしまう脂肪も、すべて食べ物が素です。ですから、かっこよく健康的な体をつくるうえで、食事は運動と同じくらいに重要です。筋トレだけでいい体はつくれません。

　体の材料となり、体を動かすエネルギー源となる栄養は、運動と並ぶ体づくりの両輪。我々の専門領域の運動生理学にもおいても栄養学は重要な位置を占めています。

　では、食事では何に気をつければ良いのか、どんなものを食べれば良いのか。体づくりの一番の基本となる、糖質・脂質・タンパク質の三大栄養素について、ここでは解説します。

　これらは、体を動かすエネルギー源、また体を作る材料になるものです。糖質も脂肪に変換されるので体の材料になります。

　また糖質を発酵したアルコールも、同じくエネルギー源であり体の材料となります。欠かせない心の栄養という方もいらっしゃるかもしれません。この点にも少し触れておきましょう。

筋肉作りに最重要な栄養素は間違いなくタンパク質です。タンパク質は筋肉の材料になるというだけではありません。摂取することで筋肉の合成反応のスイッチを入れる作用もあるからです。

特に重要な働きをするのがロイシンというアミノ酸です。1食に2〜3g程度のロイシンで筋肉合成を十分に進めることができます。そのために必要なタンパク質の量は20〜30gになります。**「タンパク質は1食20g以上」**と覚えておきましょう。

肉、魚の主菜1人前には20gほどのタンパク質が含まれます。ですから、肉、魚をきちんと食べていれば大丈夫です。昼・夕食で20g以上のタンパク質が摂れない心配はさほどありません。

不足が懸念されるのは朝食、それから間食です。朝食は食パン1枚だけといういう人が多いのですが、これではまったく足りません。朝から、しっかりと主菜のおかずを食べ、タンパク質を摂りましょう。

朝でも食べやすく、調理の手間の少ない卵はオススメです。1個で7〜8g、2個なら約15gのタンパク質の量が摂れます。また、水切りでタンパク質が通常の3倍ほど含まれるギリシャヨーグルトもオススメです。100gのパックで約10gのタンパク質が摂れます。

昼食と夕食の間は時間が空くので、間食でもタンパク質を補給しましょう。20gは難しくても、10gくらいは摂っておきたいところです。コンビニでも間食でタンパク質を補給できる商品がいろいろあります。

筋肉を増やしたい場合の1つの目安として、1日のタンパク質の総量として、体重1kgあたり1.5gが目安です。ここで紹介した食べ方をすれば、これはおよそクリアできます。

まずはしっかりタンパク質を摂る！
1回20g以上が目安だが
朝食と間食では不足しがち

糖質は筋肉合成を促し
分解を抑制する
糖質もある程度しっかり摂る！
ただし低GIで

米、パン、麺、イモなど、世界のほとんどの食文化の主食は糖質メインの食材です。エネルギー反応の進みやすい糖質は、人体にとって主要なエネルギー源となります。そして、実は筋肉の合成促進にも分解抑制にも強く関わります。

タンパク質と一緒に糖質を摂ることで、筋肉の合成反応がより進みます。また、糖質が不足した状態が続くと、筋肉の分解が進んでしまいます。そのため下手に糖質制限をすると筋肉を失います。

近年は糖質が「毒」のように扱われることがありますが、**そもそも糖質がなければ元気に活動できません。**筋トレを集中して行うにも、バリバリ仕事で活躍するにもある程度の糖質は必須です。

ただし、気をつけるべき点もあります。高血糖には細胞傷害性があるからです。血管が傷害されると動脈硬化が進みます。上昇した血糖は速やかに下げなければいけません。下げるための行き場が脂肪組織なら体脂肪に合成されます。結果、太ることにもなります。

ですから摂りすぎはやはり問題です。そして量以上に大事なのが「GI値」です。GI値とは、血糖の上がりやすさを示した数値です。吸収が速いものほど値が高くなります。太らずに効率よく筋肉を成長させるには、GI値を低く抑えることがポイントになります。

お米を炊くときに混ぜる麦やこんにゃくがスーパーで売られているので活用しましょう。GI値がぐんと下がります。コンビニでも麦入りのおにぎりが売られています。パンは精製度の高い白いパンよりも、茶色い全粒粉入りのパンがオススメです。麺類ならそばがかなり低GIです。意外なところではラーメンも低GIです。食事の際に野菜から食べることにも効果があります。

　嫌われがちな脂質ですが、もちろん人間にとって必要な栄養素です。摂りすぎは問題ですが、摂らないわけにはいきません。

　脂がのった焼肉カルビや、生クリームたっぷりのケーキなど、高脂質食品が太りやすいことは間違いありません。脂質の量を抑えることは大事ですが、それだけではありません。同じ脂質でも、種類によって肥満や健康に与える作用が、かなり違うからです。

　肉類や乳製品に多く含まれる「飽和脂肪酸」はエネルギーとして使われにくいため体脂肪として蓄積されやすく、さらに悪玉コレステロール（LDL）を増やして動脈硬化を進める作用もあります。

　対して魚やエゴマ油、亜麻仁油、クルミなどに多く含まれる「オメガ3」という多価不飽和脂肪酸は脂肪燃焼を促し、悪玉とされるLDLを減らす作用があります。魚脂に多いEPA、DHAが体にいいという話は有名ですが、EPA、DHAもオメガ3です。

　オメガ3には筋肉の合成反応を促す作用もあります。脂肪を燃やして筋肉をつける脂と言えるのです。また、認知症予防の効果も認められています。魚を週3回以上食べる習慣がある人は、認知症のリスクが半分になるという研究もあります。

　肉より魚が体にいいと昔から言われますが、ボディメイク的にも正解です。

　乳製品や肉類に多い飽和脂肪酸よりも、オメガ3系の食品を優先して摂るとよいでしょう。前者は脂身の多い肉類や洋菓子など高脂質なものが多いので、後者を優先すれば質の改善と同時に量も適量に抑えやすくなります。

**脂質は種類で全然違う
筋肉にも健康にも
オメガ3をしっかり、
飽和脂肪酸を控えめに**

3

コンビニ・外食を上手に使う
意識高い系コンビニは便利に利用できる

最近はコンビニエンスストアでも、手軽に体に良い食材が手に入るようになってきました。コンビニの弁当は不摂生、なんてことはありません。むしろ意識高い系の食材が豊富にそろっています。

鶏胸肉のほぼゼロ脂質のサラダチキンはどのコンビニにも置かれるようになりました。高タンパクで良脂質な魚のパック商品も豊富です。おやつに食べやすいカニカマスティックはタンパク質と糖質が適度で体づくりにはありがたい食材です。

お菓子類でも、10〜15gのタンパク質を含んだプロテインバーが種類豊富にそろっています。また、プロテインドリンクもたくさんあります。「間食でもタンパク質を」という話をしましたが、今やそれがコンビニで簡単に達成できます。

また、ビタミン・食物繊維が豊富なスムージーも、コンビニの定番です。

体づくり、健康づくりにもコンビニエンスです。

体が変わると、自然と食べ物を選ぶときの意識も変わってきます。**今のコンビニには、意識高い系の食事をとりたい人のニーズを満たす、豊富な選択肢がそろっています。**

外食も同じです。筋肉、体に良いものを外食で摂れるかは「選び方次第」ですが、ヘルシーで筋肉ラブな選択肢は増えています。

主食は白米だけでなく、GIの低い五穀米などが選べる飲食店があります。全粒粉など精製度の粗いパンを選べるサンドイッチ店もあります。加えて、三大栄養素と食物繊維、塩分含有量などがメニューに表示されたお店も多く、選ぶときの手助けになります。

コンビニや外食が筋肉や健康に良いか悪いかは選び方次第。上手に取捨選択しましょう。

135

アルコールと体づくりに関して、気になる人は多いと思います。

まず、筋肉には多量の飲酒はマイナスです。 多量の飲酒は筋肉を破壊するからです。これを「アルコール筋症」といいます。飲酒量に比例して筋肉量が減り、筋力が低下します。肝臓等の負担も大きく、筋トレからの回復を考えても多飲は好ましくありません。

また、**アルコールは太ります。** 肥満治療でも、飲酒量を減らすことが指導されます。

「アルコールはすぐに使われてなくなるから、アルコールと水のみの蒸留酒なら太らない」「ハイボールは飲んでも太らない」と言われることがありますが、そんな都合の良い話はありません。

アルコールは体内に貯蔵できませんので、飲むと優先的にエネルギーとして使われるのは事実です。

ですが、その間に糖質、脂質、タンパク質（特に脂質）は使われなくなっています。だから、結局はアルコールもカロリーのもとになります。「アルコールはすぐに使われるから」は、太らない理由にはまったくなりません。

また、優先的にといっても使い切れない分もあります。使い切れない分は中性脂肪になります。だから、よく飲む人は中性脂肪が高く、脂肪肝になりやすいのです。加えて、アルコールは「別腹」。飲む量が増えても食事量にあまり影響しません。

ビールは350ml缶で約140kcal。約70%がアルコールのカロリーです。ハイボールなら30%分はカロリーカットにはなります。でも太らないと信じている人は、それ以上に飲む量が増えていませんか。

健康上も、適量であっても心疾患以外に基本的はマイナスです。よく飲む人は、少し減らしてはどうでしょうか。

アルコールと筋肉、健康との関係
「ハイボールなら太らない！」
なんてことはありません

5

COLUMN 05 by NHK Seisakuhan

みんなで筋肉体操 収録秘話

「み」んなで筋肉体操」のスタジオ収録は、放送日のだいたい2週間前。1シーズンの4本分をまとめて1日で撮り切ります。どんなふうに収録しているのか、その舞台裏をちょっとご紹介します。

デッサン人形が活躍

収録日の午前中はスタッフの準備の時間です。この時間、ディレクターの私にとって最も重要なのが、カメラマンとの打ち合わせ。

筋肉体操は有人カメラ4台、無人カメラ1台の計5台を使って撮影していますが、誰をどのカメラでどんな画角で撮影するかはすべて事前に決めているのです。

ここで活躍するのがデッサン人形。カメラマンが撮るべき映像を迷うことがないよう人形を使って伝えています。

筋肉体操は出演者の皆さんが本気で筋肉を追い込むので、スタッフのミスでやり直しなんてことは絶対に避けないといけないのです。

熱気みなぎるスタジオ

「みんなで筋肉体操」のスタジオは、放送をご覧の皆さんはご存じだと思いますが、割と殺風景です。モノも少なくガラーンとしています。しかし、ひとたび収録が始まると雰囲気は一変します。その空気は、室内スポーツや格闘技の大会会場にどこか似ていて、何とも言えない緊張感と熱気

に包まれるのです。

　筋肉体操は、筋骨隆々の出演者にとっても強い負荷がかかります。皆さん、限界まで肉体を追い込んでいきますから、大きな試合に臨むスポーツ選手のようになるのは当然なのかもしれません。収録が進むにつれ、皆さんの体がどんどん熱を帯びていくのを感じます。

　最も熱を持っているのは実は谷本さんかもしれません。全身から湯気が出ているんじゃないかと思えるくらいです。後ろ姿はさながら獲物を探す野生動物。出番の合間もジッとしていることはありません。何をしているかというと……もちろん筋トレです。ぶら下がれるものがあれば懸垂、寝転がるスペースがあれば腕立て伏せ。そして興が乗ってきたらシャドーボクシングが始まります。筋肉の求道者とはこういうものなのか、といつも刮目しながら拝見しています。

　このような緊張感と不思議な熱気に包まれる「みんなで筋肉体操」のスタジオ。この空気感、うまく番組でも伝わっているといいのですが。

筋肉軽食

　実際にカメラを回し始めてから1シーズンの全4種目の撮影が終わるまで5〜6時間。その間、ハードな筋トレをするわけですから出演者の皆さんは当然お腹が減ります。

　そこで私たちは皆さんにベストパフォーマンスを発揮してもらう

COLUMN 05 by NHK Seisakuhan

ために軽食を準備しています。ラインナップは、サラダチキン、カニカマなどの高タンパク食品、もちろんプロテイン飲料も忘れていません。まさに筋肉のためのメニューです。

　でも実は、差し入れの軽食が筋肉仕様になったのはシーズン2からで、シーズン1のときはお菓子を中心に準備していました。しかし出演者の皆さん、それには全然手をつけなかったんです。筋肉を追求する人たちのストイックさを甘く見ていました。

　シーズン1の反省から生まれた今の筋肉軽食は、おかげさまで割と好評です。

139

おわりに

「きつくてもツラくない！」
ますますLet's 筋肉 together!

筋肉体操でかっこよくなる・若々しくなる

　メリハリのあるかっこいい体を目指して、筋トレをする人は増えています。体型をデザインする主要素は、「筋肉をつけること」と「脂肪を減らすこと」の2つです。

　メリハリのある体を作るには筋肉が必要です。その筋肉をつける「最短距離」を進みたければ、筋トレの一択となります。

　一方、脂肪を減らすには、食事の改善やランニングなどの有酸素運動が有効ですが、筋トレにも効果があります。「やり切る・出し切る」筋トレで全身をしっかり鍛えると、100kcal/日ほど基礎代謝が高まることがわかっています。また、食事制限で体重を落としていく場合にも筋トレは役立ちます。筋肉をできるだけ落とさずに体重を落とすことができます。

　また、筋トレしている人は男女問わず若々しいですよね。ボディビルの父と言われる故ジョー・ウィダー氏は、生前この効果を熱心に説いておられました。

筋肉をつけて健康になろう

　筋力が高いほど死亡率や脳梗塞などの罹患率が下がるという研究があります。見た目にも健康にも「筋肉は裏切らない」んです。

　理由の1つに活動量の増大があげられます。「筋肉をつけるだけでなく、筋肉をよく使って動くことも大事」ということです。筋肉をしっかりつけたら、普段から活動的にテキパキと動きましょう。

　そんな大事な筋肉ですが、加齢とともに細く衰えていきます。健脚で100歳まで元気に歩くためには、やはり筋トレが必要。100歳まで生

140

きるご予定の方は、スクワットをしてください。

体が変われば心も変わる、顔だって変えられる

　筋トレをしっかり実行すれば、体つきは確実に変わります。食事の改善や有酸素運動にも取り組めばなおさらです。

　体が変われば気持ちも変わるものです。体が引き締まれば、心も引き締まり、ふるまいも変わります。

　逆に、だらしない体だと気持ちもだらしなく、ということもあるかもしれませんよ。「体のたるみは心のたるみ」です。

　また、筋トレに取り組む「きつくてもツラくない」「出し切らないと後悔する」といった前向きマインドは、仕事やプライベートなどいろいろなことに取り組む気持ちも前向きにしてくれるでしょう。

　そして、筋トレで体を変えて、心が変われたら、顔だって変えられるはずです。人間性が顔に出るからです。

　アブラハム・リンカーンは、「40歳を過ぎたら自分の顔に責任を持て」と言いました。筋トレの実施は、顔つきを凛と精悍に変えてくれることでしょう。

筋肉は止まらない！

　筋肉体操シーズン２の最後の締めのセリフの「筋肉は止まらない」。実はこのセリフも、担当ディレクターの勝目さんの発案です。

　ここには、「筋肉体操は止まらないよ。まだまだ続くよ」という意味が含まれていると、僕は思っています。ターミネーターの「I'll be back」です。

　我々としては、「筋肉は止まれない」思いで今後も取り組んで参りたい所存です。ますます、Let's 筋肉 Together! ご支援のほど、どうぞよろしくお願いいたします。

「みんなで筋肉体操」筋肉指導担当
近畿大学准教授　谷本道哉

DVDの使い方

本書のDVDには以下が収録されています。

- ▶「シーズン1」
- ▶「シーズン2 日本語版」
- ▶「シーズン2 英語版」
- ▶「シーズン1 お手本動画」
- ▶「シーズン2 お手本動画」

①メインメニュー

以下の5つから選択できます。

▶**シーズン1**→シーズン1の種目（8種目）を実践できます。各種目を選ぶことで、テレビ放送と同じ形で実践できます。また、「シーズン1をすべて見る」を選ぶことで、8種目を連続して視聴することも可能です。

▶**シーズン2日本語版**→シーズン2の種目（8種目）を実践できます。各種目を選ぶことで、テレビ放送と同じ形で実践できます。また、「シーズン2日本語版をすべて見る」を選ぶことで、8種目を連続して視聴することも可能です。

▶**シーズン2英語版**→シーズン2放送時の英語の副音声版です。各種目はシーズン2 日本語版と同じですが、音声がすべて英語です。また、「シーズン2英語版をすべて見る」を選ぶことで、8種目を連続して視聴することも可能です。

▶**シーズン1 お手本動画・シーズン2 お手本動画**→②で説明します。

②ボーナストラック　*画像はシーズン2のものですが、シーズン1も同じです。

メインメニューで、「シーズン1 お手本動画」または「シーズン2 お手本動画」を選ぶと、こちらの画面になります。

▶ **スタンダード**→放送で行った種目のお手本動画です。各種目を選ぶことで、お手本動画を見ながら実践できます。

▶ **イージー**→筋力に自信のない方でも実践できるようにアレンジした種目のお手本動画です。「できない人は…」と同じ内容になります。

本書のDVDをご覧になる前に

◎本書についているDVDはDVD VIDEOです。DVD再生プレーヤーもしくはDVDが再生できるプレーヤーでご覧いただけますが、一部の機種では再生できない場合があります。あらかじめご了承ください。
◎再生各種機器の操作方法は機器の取り扱い説明書をご覧ください。
◎DVD再生による事故や故障などには責任を負いません。
◎本書・DVDに収録されている内容の一部または全部について、権利者に無断で複写・複製・改変・転売・放送・インターネット等により、配信・上映することは法律により固く禁じられています。

本書のDVDについて

企画・制作　NHKエデュケーショナル
映像編集　篠田延樹（株式会社DEX）
音響効果　五十嵐浩暢（株式会社オーディオトライズ）
© 2019 NHK

このDVDは、NHK総合で、2018年8月、2019年1月に放送された「みんなで筋肉体操」の番組を一部編集しています。

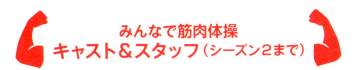

みんなで筋肉体操
キャスト＆スタッフ（シーズン2まで）

筋肉アシスタント	武田真治・村雨辰剛・小林航太・嶋田泰次郎
筋肉指導	谷本道哉
プロデューサー	斎藤大輔・石本達也
ディレクター	勝目卓・梅原純一・平元慎一郎・高橋晶子

筋肉指導	谷本道哉
筋肉アシスタント	武田真治・村雨辰剛・小林航太・嶋田泰次郎・豊澤瞳・江口友里香
協力	株式会社ホリプロ・株式会社ワイエムエヌ・株式会社GET・表参道パトリア歯科
制作協力	株式会社NHKエデュケーショナル

みんなで筋肉体操

2019年9月10日　第1刷発行

著者	NHK「みんなで筋肉体操」制作班・谷本道哉
発行者	千葉 均
編集	大塩 大
発行所	株式会社ポプラ社
	〒102-8519　東京都千代田区麹町4-2-6
	［電話］03-5877-8109（営業）　03-5877-8112（編集）
	［一般書事業局ホームページ］www.webasta.jp
印刷・製本	大日本印刷株式会社

©NHK, Michiya Tanimoto 2019　Printed in Japan
N.D.C.780/143P/21cm　ISBN978-4-591-16395-5

落丁・乱丁本はお取り替えいたします。小社（電話 0120-666-553）宛にご連絡ください。受付時間は月〜金曜日、9時〜17時です（祝日・休日は除く）。読者の皆様からのお便りをお待ちしております。いただいたお便りは事業局から著者にお渡しいたします。本書のコピー、スキャン、デジタル化等の無断複製は著作権法上での例外を除き禁じられています。本書を代行業者等の第三者に依頼してスキャンやデジタル化することは、たとえ個人や家庭内での利用であっても著作権法上認められておりません。

P8008259